Regine Zopf

Reiki
Ein Weg sich selbst zu vervollkommnen

Regine Zopf

Reiki

Ein Weg sich selbst zu vervollkommnen

Erklärungen von Sameen Al Hoskia Ra
und den Weltenhütern

Weltenhüter
Verlag
Ralph Peters

2. Auflage April 1995

Satz: Ralph Peters
Druck: Clausen & Bosse, Leck
Umschlaggestaltung: Regine Zopf und Ralph Peters

Weltenhüter Verlag Ralph Peters, Hamburg

ISBN 3-929681-09-9

Die drei Stützpfeiler für
eine Reiki-Übermittlung sind
*Liebe, Respekt und
Meditation.*

Sameen Al Hoskia Ra

Inhalt

Vorwort 8

Einführung

Begrüßung und einleitende Worte 14
Die heutige Situation 18

Die Erforschungsgeschichte

Die Forscher in China 26
Die Forscher in Tibet 37

Die Wirkungsweise

Was ist Reiki? 42
Wie wirkt Reiki? 46
Reiki-Lehrer und Reiki-Schüler 52
Ätherenergie 60

Die Symbole

Die Welt der Symbole 74
Die Reiki-Symbole 79
Das erste Symbol 81
Das zweite Symbol 84
Das dritte Symbol 86
Das vierte Symbol 93

Die Anwendungen

Die Mental- und Fernbehandlung 100
Der Umgang mit Reiki 109

Verabschiedung 116

Vorwort

Meine Geschichte mit Reiki begann, als ich 1986 die ersten Behandlungen bekam, und es schien, als ob ich darauf gewartet hätte, Reiki kennenzulernen. Die Sitzungen hatten sofort eine enorme Wirkung auf mich und lösten sehr viel aus. Gleich meldete ich mich zum nächstmöglichen Seminar an, und dabei hatte ich wieder das tiefe Gefühl, auf Reiki gewartet zu haben und es bereits irgendwie und irgendwoher zu kennen.

Nach meinem ersten Reiki-Seminar behandelte ich mich über ein Jahr jeden Tag, später dann nicht mehr so regelmäßig. Diese tägliche Selbstbehandlung geschah aus einem Bedürfnis und aus Begeisterung heraus, mir selbst auf diese Art zu begegnen. Ich durchlief eine starke Reinigungsphase. Ebenso wurden viele meiner Fähigkeiten und Begabungen angeregt, von denen ich zu diesem Zeitpunkt noch keine Ahnung hatte, daß ich sie besaß. So bin ich fest überzeugt, daß meine damalige regelmäßige Selbstbehandlung eine große Rolle dabei spielte, daß ich jetzt meine medialen Fähigkeiten lebe. In dieser Zeit der Reinigung geschahen mir Dinge, die ich noch nie in einer derartigen bewußten Form erlebt hatte, wie z.B. Erinnerungen an mehrere frühere Leben oder das Voraussehen späterer Ereignisse, was mich zeitweise sogar erschreckte.

Ebenso kam ich während meiner Selbstbehandlungen in einen tiefen Entspannungszustand, in dem es mir leicht fiel, meine Gedanken zu beobachten. Ich sah sie förmlich, wie sie durch meinen Kopf strömten, und es war plötzlich ganz einfach, sie unbeteiligt zu beobachten und mich nicht mit ihnen zu identifizieren. Jahrelang hatte ich schon meditiert und versucht, ein Zeuge der Gedanken zu werden. Reiki hat mir ganz unverhofft dabei geholfen.

Das Seminar zum zweiten Grad von Reiki war die nächste Offenbarung für mich. Bei der Anwendung des Gelernten ging es mir zunächst hauptsächlich darum, mir einmal ganz genau zu überlegen, was ich eigentlich leben wollte. Ich wurde eine eifrige Anwenderin der Mentalbehandlung. Langsam tastete ich mich auch an die Fernbehandlungen heran und war begeistert von allen Möglichkeiten mit Reiki umzugehen.

Mein vertrautes Gefühl zu Reiki führte schließlich dazu, mich zur Reiki-Lehrerin einweihen zu lassen. Das Kennenlernen des vierten Reiki-Symbols war eine große Erfahrung für mich, berührte mich sehr und verstärkte weiterhin mein Gefühl zu Reiki. Ich spürte eine tiefe Liebe für Reiki und das Geschenk, das darin für uns Menschen liegt.

Doch gleichzeitig war ich auch auf der anderen Seite oft von den Ereignissen um Reiki herum abgestoßen. Es irritierte mich, daß es Organisationen gab und gibt, die sich als die bessere oder die höhere Form von Reiki beschrieben, oder daß Menschen sich brüsteten, mit Reiki zu heilen, denen ich aber ansah, daß sie dazu nicht fähig waren. Für mich gab es immer zwei Ebenen, die eine, die Reiki wirklich ist, und die andere, was manche Menschen aus Reiki machten. Ebenso war ich selbst nie ganz zufrieden mit den Erklärungen, die ich als Schüler über Reiki bekam und die ich später als Reiki-Meisterin anderen gab. Ich hatte viele Fragen, die mir niemand beantworten konnte, und ich war eigentlich ständig auf der Suche nach einem tieferen Verständnis Reiki gegenüber.

Seit ich begonnen habe, mediale Durchgaben höherer Bewußtseinsebenen zu machen, existiert in mir der Wunsch, meine geistigen Kontakte zu bitten, näheres über Reiki zu erklären. Die eigentlichen Autoren dieses Buches, Sameen Al

Hoskia Ra und die Weltenhüter, werden sich im ersten Kapitel selbst vorstellen.

Die vorliegenden Texte geben mir endlich den größeren, vollständigeren Überblick und ein Verständnis über Reiki, das ich mir immer ersehnt habe. Für mich sind die Erklärungen der Weltenhüter ein Geschenk, und sie geben Reiki endlich den richtigen Stellenwert, frei von allen menschlichen Verstrickungen und Meinungen, die im Moment über Reiki grassieren, wie z.B. daß Reiki nur wirkt, wenn man eine bestimmte Summe Geld dafür zahlt, oder ein anderes Extrem, daß Reiki möglichst allen Menschen nahe gebracht werden muß.

Sameen Al Hoskia Ra und die Weltenhüter zeigen uns Reiki in einem ganz neuen Licht, in dem sich alle Querelen und Mißverständnisse auflösen oder richtig gestellt werden, alleine dadurch, daß uns erklärt wird, was es eigentlich ist, wie es wirklich wirkt, wofür es ursprünglich da war und da ist und was wir alles damit tun können. Es ist aber kein weiteres Buch, in dem die Technik Reiki mit den Handpositionen oder der Anwendung bei Krankheiten beschrieben wird.

Als Reiki-Lehrerin wurde ich durch diese Texte angeregt, die Struktur und den Inhalt der Seminare zu verändern. So widme ich bei einem Reiki 1. Grad Seminar mehr Zeit der Erklärung des Energiesystems des Menschen und der Selbstbehandlung. Der Schwerpunkt wird also verlagert auf das Verstehen davon, was Reiki ist und wie wichtig es ist, sich zunächst selbst Reiki zu geben. Das Seminar zum 2. Reiki Grad verteile ich nun auf zwei Wochenenden, damit mehr Zeit bleibt, die Symbole und ihre Anwendung zu lernen und ausführlich anzuwenden. Vielleicht wird es einigen Reiki-Lehrern ähnlich gehen, daß sie gewisse Dinge in den Seminaren erweitern oder ausbauen, wenn sie dieses Buch gelesen haben. Auf alle Fälle bietet es jedoch genug Stoff zum Nachdenken und Ausprobieren und ermöglicht Reiki in einer umfassenderen und tieferen Dimension zu erfassen.

Ein großer Dank an Sameen Al Hoskia Ra und die Weltenhüter, die uns mit ihrer Klarheit liebevoll den Weg weisen.

Regine Zopf

Einführung

Begrüßung und einleitende Worte

Wir begrüßen euch, geliebte Freunde, zu unserem nächsten Abenteuer! Liebe und Licht sei mit euch.

Diese Texte sollen sich einer Methode widmen, die bei euch unter dem Namen Reiki bereits sehr verbreitet ist. Wir möchten mit unseren Worten mehr Klarheit in dieses Phänomen hineinbringen für ein besseres Verstehen eurerseits. Unser Interesse ist es, euch zu unterstützen in eurem spirituellen Wachstum und in der Hinwendung zu eurem Inneren, damit ihr geradlinig und schnell vorankommt. Wir befürworten alle Methoden, die dieses innere Wachstum anregen und unterstützen. Da unsere Freundin sehr mit Reiki verbunden ist, ergibt es sich wie von selbst, heute nun mit dieser Arbeit, der Durchgabe der Texte über Reiki, zu beginnen.

Doch zunächst möchten wir uns bei all denen, die uns noch nicht aus unseren anderen Büchern* kennen, vorstellen. Wir, das ist eine Gruppe von Wesenheiten in den himmlischen Bereichen, wie wir sie nennen, und dort sind wir als "die Weltenhüter" bekannt. Wir, das ist also eine Gruppe von *Energiewesen*, und doch spricht nur ein Vertreter von uns durch unsere irdische Freundin, dessen Name Sameen Al Hoskia Ra ist. Jederzeit ist es möglich, uns mit allen Mitgliedern unserer Gruppe zu einer Einheit zu verschmelzen und

---

* Das erste Buch heißt "Das Unsichtbare wird sichtbar, Die Chakren und ihre Bedeutung für den heutigen Menschen", Regine Zopf, Weltenhüter Verlag. Das zweite Buch heißt "Das Unsichtbare wird sichtbar, Die Energiekörper des heutigen Menschen", Regine Zopf, Weltenhüter Verlag.

unsere Gesamtheit durch dieses eine Wesen dann sprechen zu lassen. Somit ist es für euch so zu verstehen, daß wir oft von "wir" sprechen und doch ist es nur "einer". Manchmal spricht zu unserer Freundin direkt Sameen, wenn unsere Gesamtheit nicht vonnöten ist. Sameen und Regine sind verbunden seit Anbeginn aller Zeit, und eigentlich besteht auch zwischen ihr und Sameen keine Trennung. Auch sie können jederzeit verschmelzen, soweit es ihr möglich ist. Manchmal sprechen wir also als Gesamtheit oder Gruppe zu euch.

Unsere Aufgabe ist die Überwachung der Aufrechterhaltung von Harmonie im Universum. Jeder von uns 21 Wesenheiten hat eine spezielle Aufgabe übernommen in der Aufrechterhaltung der Harmonie, und jedes Teilgebiet fügt sich zusammen zu einem großen Ganzen. Wir haben also den Überblick über Teilgebiete des Universums, und zusammen haben wir den gesamten Eindruck und Überblick. Die ausführenden Arbeiten, wenn wir es in euren irdischen Worten ausdrücken, erledigen unsere Helfer, die geliebten Engelheerscharen. Doch das sind wahrlich irdische Worte wie "unsere Aufgabe, ausführende Arbeiten, erledigen, usw..." Eigentlich vermitteln sie ein falsches Bild, denn die richtigen Worte für unser Dasein und das Dasein unserer Engel ist eher zu beschreiben mit fließender Liebesenergie und lichtvollem Handeln.

Heute nun möchten wir durch unsere Freundin sprechen, und gleichzeitig ist doch unsere Energie auch bei all unseren anderen Aufgaben. Ein Teil unserer Bemühungen in diesem Buch ist, euch Multidimensionalität zu vermitteln, obwohl wir über eine euch bekannte Methode "Reiki" sprechen werden. Warum wir über diese Methode sprechen ist, weil sie bereits vielen Menschen zu einem größeren Verständnis über sich selbst verholfen hat und weil sie erreicht hat, vielen Menschen bei den ersten Schritten zu einem spirituelleren Leben zu helfen. Unser Interesse ist es, euch Menschen zu unterstützen, ihr selbst zu werden. Ihr seid Teil eines Planetensystems, ihr seid Bewußtseinssamen, die dabei sind, sich zu entwickeln, die dabei sind, wichtige Schritte zu tun und die dabei sind, wichtige Entscheidungen treffen *zu müssen*.

Ihr alle, ob ihr euch darüber bewußt seid oder nicht, ob ihr es wissen wollt oder nicht, steht vor *einer* wichtigen, alles entscheidenden Frage, die heißt, "wollt ihr weiterleben auf diesem Planeten oder nicht?" Das ist die Frage, die *überall* auf der Erde in den Menschen, im täglichen Leben mitschwingt. Sie schwingt mit in eurer täglichen Arbeit, im Schlaf, in eurer Freizeit, bei euren Konzertbesuchen - überall. Diese Frage ist präsent, egal auf welchem Erdteil oder unter welcher Nation. Es ist die Frage, mit der sich *jeder* Mensch auseinandersetzen muß, ob bewußt oder unbewußt, das heißt, ob in einer bewußten Auseinandersetzung oder ob er diese Frage vermeidet und wegschiebt in einen Bereich, den ihr Unbewußtes nennt. Für uns existiert so ein Unbewußtes nicht, obwohl es in euren Dimensionen doch vorhanden ist.

Und zwecks der Dringlichkeit der Entscheidung, zwecks der Dringlichkeit der Ereignisse, bekommt ihr Unterstützung von allen nur erdenklichen Seiten. Eure unsichtbaren Begleiter, die Geistführer, die Engelwesen - alle arbeiten sozusagen auf Hochtouren. Die Meister der himmlischen Bereiche senden verstärkt Energie zu eurem Planeten, um eure Entwicklung voranzutreiben, um eure Energie zu kristallisieren.

Ihr habt große Unterstützung und viele Hilfen, die ihr nur anzunehmen braucht - *wenn ihr nur wollt*. Methoden und Techniken zur Bewußtseinsentfaltung sprießen aus dem Boden, Geheimlehren werden entdeckt, täglich neue Durchgaben verkündet. Dies sind alles Erscheinungen der Dringlichkeit der Entscheidung, und um euch bei dieser Entscheidung zu helfen. All dieses vielfältige Angebot wird langsam so groß, so unüberschaubar für euch, daß ihr euch auf bestimmte Methoden fokussieren müßt. Aus diesem vielfältigen Angebot gibt es gewisse Dinge hervorzuheben, und nach wie vor ist die Arbeit mit den Chakren und den Energiekörpern, so wie wir sie in unseren ersten zwei Büchern vorgestellt haben, ein sehr direkter geradliniger Weg zum Erwachen eurer Bewußtheit. Die Arbeit mit Reiki kann eine Unterstützung sein oder kann vielleicht für viele Menschen überhaupt der erste Schritt sein auf dem Weg des Erwachens.

Wir wählten Reiki aus, weil wir diese Arbeit als wertvoll erachten, weil es eine alte traditionelle Art der Meditation und Heilung ist und weil es einfach ein Wesensteil jedes Menschen ist, Energie kanalisieren zu können zum eigenen Wohl und zum Wohl aller Menschen. Unter dem Wort "Reiki" hat sich bei euch bereits eine bestimmte Meinung und ein Eindruck gebildet. Für manche löst dieses Wort positive Assoziationen aus, für andere negative.

Wir wollen euch in diesen Texten hier einen Teil von euch vermitteln, der allen Menschen gemein ist, losgelöst von dem beschränkenden Wort "Reiki". Wir wollen euch ein Bild von euch vermitteln, das eingebunden ist in ein noch größeres Bild. Ein Bild, das durchwoben ist von Energie, Licht und Liebe und das in ständiger Bewegung schwingt.

Die heutige Situation

Ihr habt völlig aus den Augen verloren, wer ihr seid und was ihr seid - ihr habt euch selbst aus den Augen verloren. Wichtige Fragen für euch sind: "Behalte ich auch meinen gesicherten Job, sehe ich gut aus in meinem neuen Kleid und wie bekomme ich ein noch schnelleres Auto". Diese Liste ließe sich für jeden von euch individuell abändern. Doch das sind eure Fragen, die ihr auch offen untereinander und mit großem Interesse und Engagement diskutiert. Andere Themen, in denen es um Liebe, Bewußtheit und Offenheit gehen könnte, werden geschickt vermieden und schnell verdrängt, wenn sie überhaupt von einem Abtrünnigen angeschnitten werden.

In unseren beiden ersten Büchern haben wir euch bereits ein anderes existierendes Bild von euch vermittelt, in dem der Mensch als ein Gebilde bestehend aus Licht dargestellt wurde. Dieses Bild vom Menschen als ein strahlendes Lichtgebilde wird vielen von euch als etwas Unwahrscheinliches, etwas von euch weit Entferntes vorkommen, vielleicht sogar als etwas absolut nicht Existierendes, da ihr es nicht sehen und nicht erfühlen könnt. Andere Menschen werden sich von diesem Bild angesprochen fühlen, weil etwas dadurch in ihnen ins Schwingen gerät, weil etwas sehnsüchtig in ihnen "ja" flüstert, obwohl sie dieses Bild, dieses Lichtgebilde, das sie selbst sind, nicht sehen und nur in manchen Momenten schwach erfühlen und wahrnehmen können. Etwas in ihnen ist jedoch angesprochen worden und atmet auf, endlich erkannt zu werden. Dem Menschen dürstet es nach einer Umkehr, nach einer tiefen Einsicht in sein wahres Wesen.

Wir möchten noch einmal zurückkommen auf die wichtige Entscheidung, die der Mensch zu treffen hat und die heißt:

"Will ich weiterhin auf diesem Planeten, der Erde, leben?" Um es ganz klar zu stellen, diese Entscheidung ist für euch vollkommen existentiell und entscheidet, ob und wie ihr weiter existieren werdet. Es geht bei dieser Frage um euch, um euer Überleben und um das Überleben des Planeten und in noch weiterem Sinn um das Weiterleben dieses Sonnensystems. Es geht also um die Frage: "Jagt ihr diesen Planeten in die Luft, zerstört ihr die Erde und damit auch euch oder nicht?" Wir hören nun schon die empörten Leser antworten: "Ja, aber ich habe doch mit der Zerstörung der Erde nichts zu tun, ich sammle ja Altpapier und sortiere den Müll, das ist doch Sache der Politiker". Nun, wir möchten hier aber nicht Honig auf eure Beschönigungsmechanismen streichen, sondern eure Sicht erweitern, und das hat nichts mit Bestätigungen des Status Quo zu tun.

Viel mehr ist zu tun, viel mehr ist zu erkennen als nur den Müll zu sortieren. Zunächst einmal müßte die eigentliche Entscheidung in euch fallen mit allen Konsequenzen. Die Entscheidung ist die, entweder für Positivität, Liebe und Licht zu gehen oder für Negativität und Destruktivität, und das bezieht sich auf alle Ebenen.

Damit eine Wende, eine Umkehr, erreicht wird, muß jeder einzelne Mensch beginnen, genau in sich selbst zu sehen und dort die eigene Negativität und Destruktivität in sich und gegen sich selbst zu erkennen und in einem weiteren Schritt, wie sich dies auch nach außen auswirkt und bereits ausgewirkt hat. Bei dieser gnadenlosen Innenschau würde es für jeden von euch vieles zu entdecken geben, und alte Verhaltensweisen müßten von euch fallen. Eine innere Revolution in jedem Einzelnen würde so eingeleitet werden. Ihr würdet erkennen, wie euch die Religionen geknebelt haben, wie euch der Staat ausbluten läßt, wie ihr eingebunden seid in ein feinmaschiges

Netz aus von außen aufdoktrinierten Werten und Verhaltensvorschriften, die euch kaum Luft zum Atmen lassen. Manchmal spürt ihr diesen Druck, wenn er ein bißchen von euch fallen kann, z.B. im Urlaub in einem anderen Land, wo ihr also zu Gast seid und wo von euch nichts erwartet wird. Dann wird euch oft der Druck klar, der die meiste Zeit auf euch lastet.

Wenn ihr beginnt, in euch hineinzusehen, euch klarzuwerden über euch, und bereit seid, euren eigenen inneren Ängsten zu begegnen, leitet ihr eine Revolution in euch ein. Früher oder später werdet ihr dann automatisch diesem Lichtgebilde, das der Mensch eigentlich ist und von dem wir gesprochen haben, begegnen. Die Entscheidung, ob ihr als Menschenrasse und ob der Planet Erde weiterexistieren wird, hängt ab von jedem Einzelwesen und ist eher in einer inneren Einsicht und Innenschau zu finden als in einem äußeren Müllsortieren. Eine *innere* "Müllsortierung und Müllverarbeitung" ist also zunächst nötig *von jedem,* um eine wirkliche fundierte Wende für die gesamte Menschheit einzuleiten.

Jeder einzelne muß erkennen, daß es höchste Zeit ist, nach innen zu sehen, und jeder muß bereit sein, alles zu tun, um sich zu ändern. Das können erste kleine Schritte sein, wie z.B. ehrlicher und offener zu seinem Partner im Beruf oder der Ehe zu sein, oder größere Schritte, wie sich zu entscheiden, gewisse Übungen zu tun, um die eigene Entwicklung voranzutreiben. Eine Revolution, eine innere Umkehr ist also vonnöten von jedem einzelnen. Alle Menschen, die sich gegen diese überall mitschwingende Entscheidung, diese überall mitschwingende Energie, sträuben, werden unter immer größer werdendem Druck leiden. Wir sagten bereits, die Meister haben die Energieeinwirkung auf die Erde erhöht, und damit meinen wir die Meister, die zuständig sind für die Überwachung der Erde und ihrer Entwicklung und die das Meisterenergiegitter der Erde direkt überwachen.

Für alle Menschen, die bereit sind, mehr Energie für sich zu nutzen, die bereit sind, mit dieser Revolution zu gehen, steht ein enormes Reservoir an Unterstützung und Hilfe zur Verfügung. Für alle Menschen, die im alten Stil weiterleben wollen, die auf alten Werten beharren wollen, die sich nicht ändern wollen, hat bereits eine sehr schwierige, leidensvolle Zeit begonnen. Ihr seht es bereits in der Häufung von Krankheiten, in der Häufung der Verzweiflung oder in der Häufung der Skandale, die jeden Tag entdeckt werden.

Wir hoffen, wir haben euch den zeitlichen Faktor deutlich genug dargestellt. Wir wollen euch mit diesen Worten nicht erschrecken oder drohen, doch es liegt uns sehr daran, euch die insgesamte Situation darzustellen, so wie sie ist, damit unsere Worte dort bei euch angelangen, wo sie hingehören. Wir wollen und können euch nicht beruhigen und euch sagen: "Es ist alles gut, so wie es ist; ihr seid in Ordnung, so wie ihr seid". Das können wir von einer anderen Ebene aus schon sagen und so ist es auch. Ihr seid in Ordnung, so wie ihr seid, und wir lieben und unterstützen euch. Doch trotzdem ist es von einer anderen Warte aus auch nicht so. Vieles muß getan und verändert werden. Erweiterung und Einsicht in euer wahres Dasein muß vollzogen werden. Verhärtungen und Steifheit müssen aufgelöst werden.

Nur unsere Liebe kann uns diese Worte ohne Groll und Vorwurf sagen lassen, und unser Licht kann eure Verkrustungen durchdringen und euer wahres Wesen erkennen. Somit sind diese Worte gesprochen aus Liebe und Mitgefühl heraus und um euch Wege aufzuzeigen, die euch herausführen aus Wegen der Verwirrung.

Ein großes Mißgeschick, das unendliches Leid erzeugt hat für euch, ist die fast vollkommene Ausrichtung auf die Materie. Ihr definiert euch hauptsächlich über euer körperliches Dasein und über die euch umgebende materielle Erscheinungswelt. Alles wird heutzutage eingeordnet und kategorisiert in materielle Werte. Doch so einfach ist das alles nicht. Einfache Fragen wie: "Wer seid ihr, wo kommt ihr her und wo geht ihr hin" bringen euch ganz schnell und unmittelbar an die Grenzen dieser materiell orientierten Lebenseinstellung. In unserem ersten Buch sprachen wir bereits an, daß die körperliche Erscheinung des Menschen wie die letzte Instanz ist eines viel größeren feineren Gebildes, vergleichbar mit der Spitze eines Eisberges, dessen größter Teil versteckt im Ozean liegt, unsichtbar für eure Augen. Eure körperliche Existenz ist die Erscheinung, der Ausdruck, die Verkörperung eurer geistigen Welt. Eure körperliche Existenz ist eingebunden in ein wunderbares einzigartiges und kompliziertes Gebilde, innerhalb dessen es unendlich viele Funktionen und Informationstransfers gibt - alle für euch unsichtbar, alle für euch nicht bewußt, da ihr euch ihnen einfach nicht öffnet, da ihr sie einfach negiert. Nicht immer war dies so, nicht immer waren die Menschen so fixiert auf Materielles und auf die damit verbundene Negierung all ihrer metaphysischen Qualitäten.

Die Erforschungsgeschichte

Die Forscher in China

Es gab eine Zeit auf der Erde, wo ganze Nationen meditierten und wo der Zustand der Meditation eine höchstgeschätzte Qualität war. Es gab eine Zeit auf der Erde, wo Menschen den Menschen als Gesamtheit erforschten aus Freude an der Entdeckung und aus Freude über die Verbesserung der Lebensqualität aller. Es gab eine Zeit, wo diese Menschen freiwillig in Dimensionen eures Seins vorgestoßen sind, um Antworten zu finden auf Fragen, die die Menschen von Anbeginn stellten.

All dies wurde gemacht von Menschen zum Wohle aller und war insgesamt von dem Volk hochgeachtet. Diese Menschen stellten die Elite dar und sie arbeiteten mit Königen, mit den Herrschern des Volkes, zusammen. Von diesen Menschen, die wir *die Forscher* nennen wollen, wurde bereits das gesamte Energiegebilde des Menschen mit den Chakren und den Energiekörpern erkannt. Ihr müßt verstehen, diese Forscher konnten damals so leicht und mühelos in diese Bereiche vordringen, weil die Lebensbedingungen einfacher, menschlicher waren und weil sie die gesamte gesellschaftliche Unterstützung hatten. Die geistige Entwicklung war sehr hoch ausgebildet.

Das alles spielte sich zu unterschiedlichen Zeiten in unterschiedlichen Erdteilen ab. Doch immer waren die Forscher genauso ernsthaft, wahrhaft und intensiv bei der Sache, die wir *die Entdeckung des Menschen zum Wohle aller Menschen* nennen wollen. Entdeckt wurde das Chakrensystem, die Energiekörper und die Heilung des physischen Körpers durch Einfluß der Energieströme und Energiebahnen innerhalb dessen. Entdeckt wurde die Verbindung des Planeten Erde mit allen anderen Planeten dieses Sonnensystems und darüber hinaus. Es wurde geforscht und es wurde entdeckt und immer mehr Antworten wurden gefunden.

Wir wollen uns konzentrieren auf die Forscher, die sich in China befanden. Sie arbeiteten vor allem mit dem Energiesystem des Menschen. Zu ihren täglichen Tätigkeiten gehörte die meditative Einstimmung auf dieses System, der Austausch ihrer Einsichten untereinander und das Ausprobieren ihrer Einsichten aneinander. Ein Spezialgebiet, eine Vorliebe von ihnen war das Auskundschaften des physischen Körpers und die Heilung dessen durch die Mobilisierung der eigenen Kräfte des Körpers. Krankheiten erkannten sie als eine Fehlleitung von Energie. Diese Fehlleitung konnte auf den ersten drei Ebenen* stattfinden, die sich dann letztendlich in einer Krankheit der Physis zeigte. Wie gesagt, sie studierten das gesamte Energiesystem des Menschen und deshalb hatten sie ein so umfassendes Bild und konnten Fehlleitungen jeglicher Art erkennen. Sie sahen den Menschen als ein Ganzes, der eingebunden ist in ein noch größeres Ganzes! Sie erkannten also auch die Einwirkungen und Auswirkungen all der anderen Planeten auf den Menschen.

Die chinesischen Forscher stimmten sich als ihr Spezialgebiet auf die Heilkräfte des physischen Körpers des Menschen ein und studierten diese. Sie erkannten die Fähigkeit jedes Menschen, sich selbst zu heilen. Als Rückschluß erkannten sie auch die Fähigkeit *jedes Menschen,* sich selbst krank zu machen, die Fähigkeit ihre Energie fehlzuleiten. Das war ein logischer Schluß, eine logische Konsequenz, und sie hatten zur damaligen Zeit auch keine Schwierigkeit, dies ihren

* Mit den ersten drei Ebenen sind der physische Körper, der Emotional- und der Mentalkörper gemeint.

Patienten zu erklären und klarzumachen. Allein ein Gespräch über diese Möglichkeit, Verursacher der eigenen Krankheit zu sein, stieß auf Verständnis, Einsicht und Zustimmung. Dadurch war der größte Teil der Heilung bereits vollbracht!

Das Leben war damals einfacher und naturnaher, und die Organisation der Lebensumstände war nicht so bedrückend starr. Der Mensch fühlte sich einfach noch sicher und eingebundener. Er fühlte sich als ein Teil der Existenz. Seine Lebensberechtigung wurde nicht so sehr über materielle Werte definiert. Krankheit wurde angesehen als eine Negierung seiner selbst, die auf unterschiedlichen Ebenen stattfinden konnte und durch die eine Fehlleitung im Energiesystem geschah.

Unter einer Krankheit wurde aber nicht nur die Erkrankung des physischen Körpers verstanden, sondern z.B. auch, wenn ein Mensch nicht glücklich war. Auch dies war ein Grund, sich zu einem heilenden Gespräch zu begeben. Nicht glücklich zu sein wurde als ein Nicht-verstehen, ein Nicht-erkennen der göttlichen Einheit und Existenz gesehen und als ein Nicht-sehen-können des eigenen Wertes und Eingebundenseins in diese Existenz. Insgesamt wurde also mit Krankheiten und ihrer Heilung durch die Mobilisierung eigenen Verstehens und der eigenen Heilkräfte gearbeitet.

Dieses Gebiet ist ein so umfassendes komplexes Thema, das nur einigermaßen in den Griff zu bekommen ist, wenn man die Einmaligkeit, die Größe des gesamten Energiesystems des Menschen erfassen kann, und selbst dann bleiben oft noch Fragen offen, da jeder Mensch wiederum so ganz eigen, so ganz einzigartig ist. Bei der Erforschung der Heilung von Krankheiten stießen die Forscher zunächst bei sich selbst in ihrer Meditation auf ihre Fähigkeit, anderen zu helfen, zu heilen. Zunächst war der erste Schritt immer, ein heilendes aufklärendes Gespräch mit dem Patienten über dessen

Fähigkeiten, sich krank zu machen und sich selbst zu heilen, zu führen. Als nächster Schritt wurde dann zur Unterstützung der Heilung des Patienten Energie in das Energiesystem des Patienten durch den Forscher gelenkt. Immer mehr erkannten die Forscher, daß direkte intensive Heilung unmittelbar geschehen kann durch die Zuführung von Energie, und zwar harmonischer Energie, die die Energie des Patienten anregt, wieder in den richtigen Bahnen zu fließen. Größtenteils war dies die Behandlung - ein heilendes Gespräch und dann die eigentliche Behandlung. Daneben gab es einige hartnäckigere Fälle, die mehrere Behandlungen benötigten.

Nun fragten sich die Forscher, wie diese Heilung genau geschieht und wie gewährleistet wird, daß immer harmonische Energie fließt. Sie tauchten noch tiefer in die Erforschung des physischen Körpers und in seine feinstoffliche Ebene, den Ätherkörper, ein. Sie stimmten sich intensiv auf dieses Gebilde, den Ätherkörper, ein und durchreisten sämtliche Ebenen. Ihr müßt hierbei wissen, daß es innerhalb des Ätherkörpers Stufen oder Ebenen gibt, die sich durch eine unterschiedliche Dichte auszeichnen. Den Forschern war die erste Ebene bereits ausgezeichnet bekannt, mit der sie bei Heilungen schon gearbeitet hatten. Doch nun drangen sie noch weiter vor. Sie bemühten sich noch mehr, die feineren Ebenen des Ätherkörpers zu erforschen. Auch diese Ebenen waren ihnen bekannt, denn dort befanden sich die Chakren. Sie sahen, daß der Mensch entscheidend wichtige Energiebahnen in sich trägt, durch die Energie fließt und die ebenfalls, neben den Chakren, wichtig sind für die Energiezufuhr und das Wohlbefinden des Menschen.

Diese Energiebahnen waren bei manchen stark ausgeprägt, bei anderen weniger und es erschien, als ob das davon abhinge, wie die Menschen im Einklang mit sich, ihrem Leben und der Natur standen. Durch die Energiebahnen floß Ätherenergie, die ihr auch sehr oft Lebensenergie nennt, ohne richtig zu wissen, was das sein soll.

Die Forscher, die wußten, daß der Mensch Teil eines größeren Ganzen ist, erkannten in diesen Bahnen das Verbindungsglied des Menschen als verkörpertes Wesen, zu seinem Planeten, zu seinem Sonnensystem und im noch größeren Rahmen zum Universum. Die Energiebahnen leiten die Energie, aus der das gesamte physische Universum aufgebaut ist, durch den physischen Körper des Menschen. Diese Energiebahnen waren aber nicht die Verbindungskanäle der einzelnen Chakren, sondern eine weitere Möglichkeit für Ätherenergie, den physischen Körper zu durchwirken. Auch die Chakren, die ja im Ätherkörper ihren Sitz haben, ziehen diese Ätherenergie ein, doch sie haben die Aufgabe, diese für den Menschen in eine bestimmte Erlebnisebene hinein zu transformieren.

Die Energiebahnen haben zwei Hauptrichtungen. Die eine führt von der Schädeldecke durch den Kopf über den Hals durch die Arme zu den Händen und tritt dort aus. Die andere geht von der Schädeldecke durch das Körperinnere, über die Beine und tritt dann an den Füßen aus.

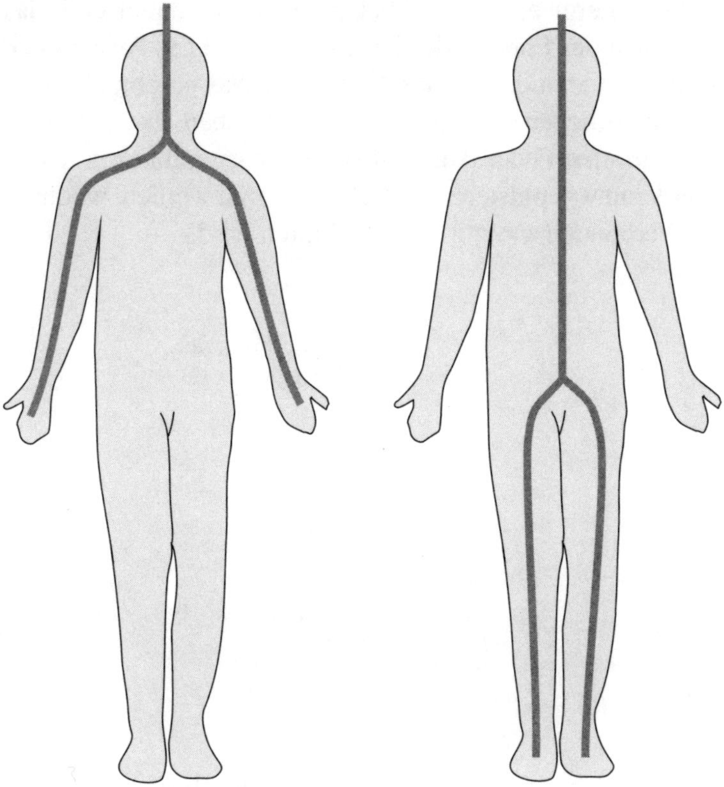

Die linke Abbildung zeigt den Ätherkörper mit den Energiekanälen, die durch die Arme verlaufen. Die rechte Abbildung zeigt die Energiekanäle durch die Beine.

Die Energiebahnen schwingen ebenso wie die Chakren immer, doch von Mensch zu Mensch unterschiedlich stark, je nachdem wie stark die Einheit mit allem gespürt wird oder wie stark sich der Mensch geistig ausgeprägt hat.

Die Energieaufnahme über die Energiebahnen stellt das Einatmen der Energie des Kosmos dar und das Ausströmen durch Hände und Füße das Ausatmen. Was geschieht, ist als ein Durchfließen von Ätherenergie anzusehen. Es ist wie Ein- und Ausatmen oder Aufnehmen und Wiederabgeben. Es ist oder kann wie pulsierendes Leben erkannt werden, wodurch das Verbundensein mit Allem erfahren wird.

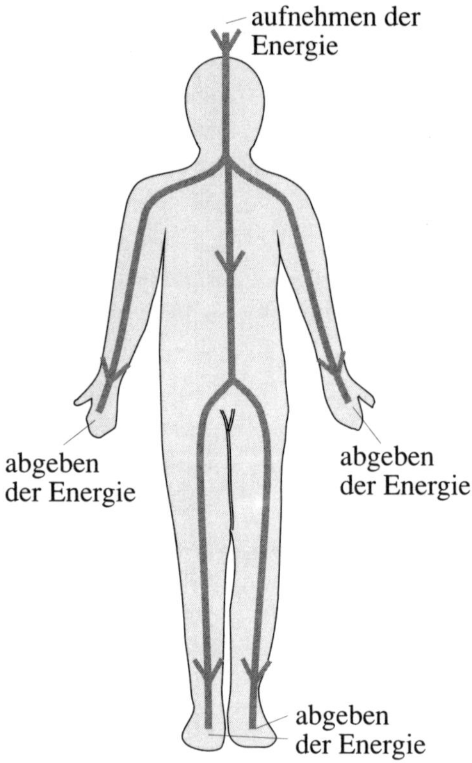

Ihr seht, der Mensch hat viele Möglichkeiten, sich als Teil des Ganzen zu erspüren und zu erfahren. In ihm sind viele Schaltzentralen und Vorgänge eingebaut, über die er sich als ein universales Wesen sehen kann. Er ist ein Teil der unendlichen Schöpfung, durch das Bewußtsein generiert wird.

Nun wollen wir anhand der Entdeckungen unserer alten Freunde, der Forscher, die Geschichte weitererzählen. Sie sahen also das Potential oder eine Einrichtung in jedem Menschen, heilen zu können, oder in anderen Worten ausgedrückt, sie erkannten, daß jeder Mensch so viel Energie produzieren kann, daß dadurch geheilt werden kann. Sie sahen aber auch, daß nicht bei jedem Menschen dieses Energiepotential gleich stark vorhanden war. Sie erkannten, daß sie selbst am stärksten und direktesten diese Energie kanalisieren konnten. Ebenso starke Energie floß bei einfachen Menschen, jene, die ein bescheidenes Leben führten immer im Bewußtsein des Großen-Ganzen. Diese Menschen hatten oft einfache Berufe, wenig Geld und lebten sogar häufig in Armut, doch in Herz und Geist waren sie stark und reich. Bei anderen, die sich abwandten von dem geistigen Ursprung des Menschen, jene, die sich nicht als Teil des Großen-Ganzen sahen und sich immer mehr über die Materie definierten, waren die Energiebahnen nur so stark ausgeprägt, daß nur minimale Energie floß, gerade genug zum Überleben.

Bei den zuerst beschriebenen Menschen floß so stark Energie, daß sie für Körper, Geist und Seele im Überfluß vorhanden war. Das zeigte sich vor allem in starken, stabilen physischen Körpern. Die Ausgeprägtheit der Energiebahnen und ihre Auswirkung auf den Menschen ist zu vergleichen mit der Auswirkung der Chakren. Die Energiebahnen können angefangen von einem *Minimumzustand* bis hin zu einem *Maximumzustand* schwingen. Bei minimalem Einzug an Energie bekommt der physische Körper gerade so viel, um zu leben und zu funktionieren. Je mehr Energie durch die Bahnen hindurchfließen und aufgenommen werden kann, um so mehr Energie hat der physische Körper zur Verfügung, um selbst in einem Zustand von großer energetischer Fülle zu schwingen. Somit kann er auch Energie an die nächsthöheren Ebenen (Emotional- und Mentalkörper) abgeben oder er kann diese Energie in andere Menschen fließen lassen, die vorübergehend im energetischen Minimumzustand leben. Es ist also eine wunderbare Möglichkeit im Menschen vorhanden, sein Energiepotential selbst bestimmen zu können, sich selbst zu heilen, falls er aus einem energetischen Gleichgewicht gefallen ist und auch um anderen Menschen Energie zuzuführen.

Unsere Forscher erkannten dies alles in ihren täglichen Übungen und Meditationen. Sie schrieben und notierten alle Erkenntnisse säuberlich auf für ihre Nachfolger. Zu dieser frühen Zeit standen die Forscher in unterschiedlichen Teilen der Welt in Verbindung miteinander, wenn nicht mündlich oder schriftlich, dann geistig. Eine Nachfolgerschaft wurde so gut es ging immer gesichert, an die das gesamte Wissen überging. Es bestand ein Netzwerk über verschiedene Länder und auch verschiedene Jahrhunderte hinweg.

Doch mit der Zeit änderten sich die Menschen, die Lebensverhältnisse und Staatsformen. Immer mehr wurde nicht mehr die Magie des Lebens und der Existenz erfahren, sondern materielle Werte wurden immer wichtiger und bedeutender. Dadurch entstanden Diktaturen, die die Menschen als Arbeitswert oder Ware ansahen, und der Glaube entstand, daß Glück nur über materiellen Wert zu erfahren sei. Die Lebensberechtigung wurde für sehr viele Menschen radikal abgeschnitten durch Versklavung, durch Arbeitsdienste. Sie konnten sich durch diese widrigen und ungerechten Lebensumstände nicht mehr als wertvolle lichtvolle Wesen, die verbunden sind mit allem, erfahren. Ebenso wenig konnten dies die sogenannten Diktatoren.

Ein dunkles Zeitalter war eingeleitet, in dem auch die Forscher nicht mehr geachtet waren oder als die Elite des Landes erkannt wurden. Ihre Aufgabe war es ja gewesen, zum Wohle aller zu forschen. Doch das Wohl aller galt nichts mehr, somit auch sie nicht. Manche Forscher entschieden sich daraufhin, mit der diktatorischen Klasse zusammenzuarbeiten, doch ihre Werte, ihr hohes früheres Ideal, verloren sie vollkommen. Sie forschten von nun ab mehr aus Gründen des Forschens oder um selbstsüchtige Zwecke zu erfüllen. Dadurch gelangten sie wieder einigermaßen zu einem höheren anerkannten Status. Natürlich galt das nicht allgemein für alle Forscher. Es gab Ausnahmen! Überall auf der Welt gab es zu allen Zeiten Forscher, die sich nicht diesen widrigen Umständen unterwarfen, und es gibt sie auch heute noch. Doch das Netzwerk, das früher einmal bestand, ist zerschlagen worden zu dieser Zeit. Nun ist es für einzelne Forscher viel schwieriger, voranzukommen mit ihren Entdeckungen. Altes Wissen, das schon vor langer Zeit entschlüsselt und entdeckt wurde, muß mühevoll wieder neu von einzelnen ausgegraben werden. Schnelles Vorankommen wird sehr oft verhindert durch mißliche äußere Umstände, da die Forscher oft keine gesellschaftliche Anerkennung und Unterstützung mehr haben.

Erinnert euch, wir sprechen hier von Forschern, die zum Wohle aller arbeiteten, und nicht von euren Forschern, die in geheimen Labors nach neuen Kriegs- und Vernichtungswaffen forschen und hochbezahlt werden dafür. Nein, die meinen wir nicht. Diese Forscher haben nichts mit *den Forschern* zu tun, da sie keine innere Einsicht in die Natur der Dinge erreicht haben. Ihnen geht es nur um Macht, Geld, Anerkennung.

Die Forscher in Tibet

Es konnten sich aber über die Jahrtausende hinweg immer wieder Kulturen aufrechterhalten, die eine reine Gesinnung hatten. Eine dieser Kulturen gab es in Tibet. Durch die Lage im Himalaya war es möglich, lange abgesondert vom Lauf der Dinge der westlichen Welt zu existieren. Dort war es möglich, daß die Linie der Forscher, die alle durch die Reihe Mönche waren, fast bis zum heutigen Tag erhalten blieb.

Das Gebiet des späteren Tibet war schon immer bevorzugt gewesen als Stätte großer reiner Energie, in der eine leichte und schnelle Bewußtseinsentfaltung und -erweiterung möglich war. Und so hielten sich dort schon immer gerne Forscher auf. Das Gebiet, das Tibet genannt wird, war schon immer die Quelle, wo große Weisheit und Einsicht im Bewußtsein der Menschen entstanden ist. Es ist ein heiliger Ort!

Leider wird heutzutage dieser Ort von der nun dort herrschenden Rasse nicht mehr dementsprechend geachtet und nicht mehr als das erkannt, was er ist. Leider ist das Volk der Tibeter durch diese Machtinteressen zerstreut über die Welt und als Volk fast völlig zerstört. Damit ist die letzte alte Linie der Forscher ebenso unterbrochen.

Zu Zeiten, als Tibet in voller Blüte stand, gab es innerhalb eines Mönchsordens eine Gruppe von Forschern, die sich ebenso ganz der Heilung des Menschen widmete. Sie wußten durch Überlieferung um das gesamte Energiesystem des Menschen mit den Chakren und den Energiekörpern. Sie wußten um die Energiebahnen. Sie kannten die energetische wie auch medizinische Heilung und bauten sie immer mehr aus. Sie konnten also auf altem Wissen aufbauen und mußten nicht ganz von vorne anfangen. Ihr Leben bestand aus Meditation, Kontemplation und Forschung. Alles von ihnen war diesem Werk gewidmet. Es war ihre Erfüllung. Sie hatten die offizielle Aufgabe bekommen, ganz in die Erforschung von Heilung vorzudringen. Ein Teil dieser Gruppe widmete sich der energetischen Heilung und wie sie zu verbessern und zu verstärken war. Sie erkannten, daß die Heilkanäle des Menschen in Schwingung versetzt werden konnten, so daß sie wieder mehr Energie transportierten, und erkannten, daß dies vor allem durch Meditationen, oder man kann auch sagen, durch die Öffnung für das Göttliche geschah. Manche Menschen erfahren diese Öffnung durch Meditation, Gebet, religiöse Gesänge, usw. Jedesmal wenn Menschen sich für eine höhere geistige, positive Kraft öffneten, wurden diese Energie- und Heilkanäle aktiviert, so daß immens mehr Energie oder Licht durch sie floß. Die Menschen wurden so aufgeladen mit Energie.

Doch das war nur eine Erkenntnis unserer Freunde, der Mönche, bei der sie nicht verweilten und mit der sie sich nicht zufriedengaben. Da sie in ihrer Tradition bereits mit Mantras, mit kosmischen Wortklängen arbeiteten, öffneten sie sich in ihrer Meditation für den Empfang von Mantras, die diese Energiebahnen in Schwingung versetzen sollten. Sie kannten schon Mantras für die Chakren, für bestimmte Organe des Körpers, aber auch für die Vertiefung ihrer Meditationen. Diese Idee der Suche nach Mantras für die Stimulierung der Energiebahnen lag in ihrer Tradition verankert und der Empfang dieser Wortklänge ist ein unschätzbarer Wert für die Menschheit - ein geistiges Juwel. In ihren tiefen Meditationen empfing diese Gruppe eine Anleitung, eine Abfolge von geistigen Symbolen und Wortklängen, die die Energiebahnen in

Schwingung versetzen konnten. Die *Einweihung in Reiki*, wie ihr sie in dieser Technik nennt, war geboren.

Die Mönche praktizierten die Einweihung zunächst an sich selbst, dann an allen Arten von Menschen, die sich dafür zur Verfügung stellten und sie sahen, daß sie wie eine Initialzündung für viele wirkte, die eigenen Heilkräfte zu benutzen. Etwas in ihnen wurde in Gang gesetzt, ein Bewußtseinsprozeß ausgelöst. Die Gruppe der Forscher arbeitete durch mehrere Generationen hinweg an diesem Projekt der energetischen Heilung durch Instandsetzung der Heilkräfte des Körpers, bis dann ein neues Projekt in den Vordergrund trat. Bis dahin wurde die Heilung des Körpers und des Geistes des Menschen vollkommen ausgearbeitet. Entscheidend bei dieser Arbeit war die Entdeckung der Symbole und Mantras durch die Mönche, die eine Initialzündung für die Energiebahnen bewirken können. Dieses komplette Wissen wurde an andere Klöster und befreundete Mönchsorden weitergeleitet und von dort wieder an andere. Es wurde aber immer als streng geheimes Wissen über die Heilung des Menschen behandelt und blieb immer innerhalb der Klostermauern.

Später dann im letzten Jahrhundert wurde dieses Wissen durch Dr. Usui wiedergefunden und unter den Menschen verbreitet. Das einst streng gehütete Wissen wurde mit der Zeit zugänglich für alle. Früher wurden nur Mönche, die bereits eine bestimmte Stufe der Meditation erreicht hatten, in diese Kunst des Heilens eingeweiht. In diesem Jahrhundert ist die Möglichkeit für alle Menschen offen. Es gibt darum kein Geheimnis mehr und ist nicht mehr nur für bestimmte Menschen möglich.

Die Geschichte von Dr. Usui kennt ihr bereits oder ist größtenteils bekannt, deswegen beenden wir hier die Entdeckungs- oder Erforschungsgeschichte von Reiki.

Die Wirkungsweise

Was ist Reiki?

Reiki ist also eine bestimmte Methode, einst empfangen in tiefer Meditation, durch die die Energiebahnen im Menschen in Schwingung versetzt werden. Die Einweihung von Reiki wirkt wie eine Initialzündung, wie ein Anfangsschub, damit die Energie in Fluß kommt, damit die Energiebahnen gereinigt und in Schwingung versetzt werden, so daß sie mit der Zeit wieder mehr Energie prozessieren können.

Natürlich wirkt die Einweihung von Reiki auf jeden Menschen ganz anders, da jeder Mensch anders, ein eigenes Universum, ist. Sie setzt immer genau dort an, wo der Mensch steht und was er verkraften kann. Die Einweihung ist somit eine Initialzündung, wie wir es ausgedrückt haben, wirkt aber nicht wie eine brutale Explosion oder wie ein schmerzhafter Eingriff in das Energiesystem oder sollte es wenigstens nicht sein. Auf sanfte und doch kraftvolle Weise wird Energie aktiviert, wird das Potential angeregt wieder zu schwingen. Das Potential bei einem Menschen, der schon viel mit sich gearbeitet hat und der bereits meditiert, steht aber an einem anderen Punkt als bei einem Menschen, für den die Reiki-Einweihung der erste Schritt ist hin zu mehr Bewußtheit über sich selbst.

Deswegen wird für jeden Menschen der Prozeß der Einweihung anders erlebt. Manche spüren gar nichts, eben deswegen, weil sie vielleicht bis zu diesem Punkt sich noch nie feineren Ebenen zugewandt haben. Andere empfinden genau die Energie, die vermittelt wird. Manche können sich dem Prozeß der Einweihungen ganz öffnen und hingeben, andere wiederum gar nicht. Für die, die sich öffnen können wird es möglich, ganz den Zustrom an Energie zu empfangen und zu genießen, für die anderen ist für den Moment nur so viel möglich in dem Grade, wie sie sich öffnen oder verschließen. Ihr müßt verstehen, Reiki ist kein Allheil- oder Wundermittel, sondern es ist immer abhängig vom jeweiligen Menschen. Verschließt sich jemand in den Einweihungen, wirkt die sogenannte Initialzündung minimal, doch erinnert euch an das Potential der Energiebahnen, das *jeder* Mensch hat. Energie fließt immer in den Energiebahnen, von einem minimalen Zustand, gerade genug zum eigenen Überleben bis hin zum maximalen Zustand, der überfließende heilende Energie produziert je nach dem Bewußtseinsstand des Menschen.

Laßt uns noch näher und tiefer auf die Einweihungen von Reiki eingehen. Wie schon gesagt, früher bekamen diese Einweihungen nur Adepten, die bereits fortgeschritten waren in ihrer Entwicklung und Meditation. Sie waren also bereits gut entwickelt und gereinigt. Heutzutage, durch die große Verbreitung von Reiki, ist es für fast jeden Menschen möglich, in diese Methode eingeweiht zu werden. Ein Telefonanruf bei einem Reiki-Lehrer, eine Anmeldung, eine Teilnahme und schon seid ihr in Reiki eingeweiht, unabhängig von eurer momentanen Entwicklung und eurem Verständnis. Das bringt Vorteile, aber auch Nachteile mit sich, und eigentlich sind die heutigen Reiki-Lehrer vor große Herausforderungen gestellt. Früher kannte der Reiki-Meister, der meist ein hoher Mönch oder Abt war, seine zukünftigen Reiki-Schüler und ihren Entwicklungsstand ganz genau. Er entschied, wann ein Schüler bereit war, eingeweiht zu werden. Heute kommen die Menschen zusammen zu einem Reiki-Treffen aus allen möglichen Bevölkerungsschichten und mit unterschiedlichen Entwicklungszuständen. Das ist generell nicht schlecht, doch etwas geht dadurch auch verloren. Oft ist es so, daß die Menschen nicht genug vorbereitet sind auf das, was sie in einem Reiki-Seminar erwartet. Dadurch sind sie häufig irritiert, verschließen sich und können sich nicht mehr öffnen. Dann wiederum können sie nicht verstehen, welche Bedeutung eine Einweihung hat. Sie sehen sie oft nur als etwas, das mit ihnen gemacht wird und lassen dies über sich ergehen. Daß sie den Grad der Öffnung ihrer Energiebahnen mitbestimmen, wird ihnen entweder nicht mitgeteilt oder sie verstehen es nicht, weil alles so neu für sie ist.

Seht ihr, was wir meinen, wenn wir sagen, daß etwas verloren ging seit der Zeit des Anfangs von Reiki? Die Adepten waren genau vorbereitet auf die Einweihungen, die etwas besonderes waren, etwas das eine bestimmte geistige Entwicklung von ihnen bestätigte. Ihnen war bewußt, daß durch die Einweihungen ihre Verantwortung sich selbst und anderen gegenüber noch größer wurde.

In gewissem Maße ging viel davon heutzutage verloren! Doch wir sagten auch schon, daß dies Vorteile und Nachteile hat. Der Nachteil heutzutage ist, daß die Menschen größtenteils nicht vorbereitet genug sind auf das, was sie bei einem Reiki-Seminar erwartet. Der Vorteil ist, daß vielen Menschen mitgeteilt und vermittelt wird, daß sie Heilkräfte in sich tragen und daß sie diejenigen sind, die sich heilen können. Aber das Verständnis und die Bedeutung darüber muß in den Menschen erweckt werden. Das Wissen um das gesamte Energiesystem des Menschen muß wieder belebt werden, um den einseitigen Blickwinkel auf die materielle Ebene aufzuheben oder besser noch, zu erweitern. Die Energiebahnen und -kanäle sind Teil des großen Energiesystems! Beginnt der Mensch die Gesamtbeschaffenheit seiner selbst zu verstehen und die nötigen Schritte einzuleiten um diese Ebenen zu aktivieren und zu reinigen, sind bereits Schritte im großen Ausmaß zu einer Veränderung eingeleitet. Da die Energiebahnen Teil des Gesamtsystems des Menschen sind, ist es auch wichtig und gut, daß dies den Menschen mitgeteilt und vermittelt wird und daß dieses Wissen nicht mehr das Privileg einiger weniger Gruppen ist. Somit kommt es an die breite Bevölkerung und wird Teil des kollektiven Bewußtseins aller, ob sie nun schon davon gehört haben oder nicht. Dieses Wissen ist dann jederzeit abrufbar für sie. Da viele Menschen und auch viele Reiki-Lehrer heutzutage aber kein vollständiges Wissen und Verstehen um dieses große Gesamtbild des Energiesystems des Menschen haben, bleibt Reiki oft im sogenannten Unerklärlichen oder Mysteriösen stecken. Reiki ist nichts mysteriöses, sondern etwas ganz Einfaches, leicht Erklärbares, hat man erst einmal den Menschen verstanden.

Reiki ist einfach die Fähigkeit jedes Menschen, Energie durch sich fließen zu lassen und weiterzugeben oder in einfachen Worten ausgedrückt, Energie zu kanalisieren. Reiki ist nichts esoterisches oder spirituelles. Vielleicht erinnert ihr euch an unsere Worte in unserem zweiten Buch über das Mißverständnis, das momentan besteht, was esoterisch oder spirituell ist. Einfache Fähigkeiten und Möglichkeiten des Menschen, die jeder besitzt, werden als spirituell angesehen, obwohl sie es nicht sind, wie z.B. das Hellsehen oder das Heilen. Ebenso ist es mit Reiki.

Wie wirkt Reiki?

Reiki verhilft und unterstützt den Menschen zu mehr Energie für sich und sein Leben, und zwar auf allen Ebenen seiner selbst. Also im physischen Bereich, um einen starken energetischen Körper zu haben und um eventuelle Giftstoffe auszuscheiden. Im emotionalen Bereich, um zunächst einmal in Kontakt mit den eigenen Gefühlen zu kommen, um störende negative Gefühle zu erkennen und um sie mit der Zeit loszulassen. Im mentalen Bereich, um die immer wiederkehrenden Gedanken und ihren Mechanismus zu sehen, um negative Gedankenmuster zu entdecken und aufzulösen. Alles zusammen wird helfen, das Zusammenspiel zwischen physischem Körper, Emotional- und Mentalebene zu erkennen und zu verbessern.

Das löst mit der Zeit einen Reinigungsprozeß aus, der nicht immer angenehm ist, da ihr mit eurer Negativität konfrontiert seid. Doch es geht kein Weg an dieser Negativität vorbei, wenn ihr sie auflösen wollt. Wollt ihr frei von ihr werden, müßt ihr ihr begegnen!

Das ist in groben Worten kurz erklärt, was Reiki bewirken kann. Früher war das natürlich auch anders. Den Prozeß der Reinigung durchliefen die Mönche vor der Reiki-Einweihung durch ihre Meditationspraxis. Somit setzten sie dann Reiki ein, um mehr Energie für ihre Meditationen zu haben und um andere Menschen zu heilen. Doch bevor ihr in diese Phase eintreten könnt, durchlauft ihr eine fortdauernde Reinigung, wenn ihr Reiki an euch anwendet. Der Grad eurer Bewußtheit und der Wunsch nach tiefer Selbsterkenntnis bestimmen dabei immer den Vorgang und den Ablauf dieser Reinigung. Seid ihr nicht daran interessiert, euch selbst näher zu kommen, werdet ihr sehr schnell aufhören, Reiki zu praktizieren. Denn durch das Praktizieren an euch selbst bekommen alle Ebenen, wie schon erwähnt, eine Energiezufuhr, auch die, die ihr bisher vielleicht automatisch vernachlässigt und unterdrückt habt.

Habt ihr z.B. im starken Maße eure Gefühle unterdrückt und ihr beginnt Reiki zu praktizieren, so bekommt auch euer Emotionalkörper mehr Energie. Das was vorher keine ausreichende Energie zugeführt bekam und fest im Griff eurer Kontrolle stand, hat plötzlich mehr Energie. Was passiert dadurch? Je nachdem welche Gefühle ihr unterdrückt habt, spürt ihr plötzlich, daß ihr vielleicht wütend, traurig oder zornig seid. Das ist natürlich demjenigen unangenehm, der nie diese Gefühle fühlen wollte. Ist dann kein Wissen und Verständnis im Menschen vorhanden, was passiert durch Reiki, wird er ganz schnell aufhören damit. Unter Umständen wird er den Schuldigen für die Gefühle, die ausgelöst wurden und die er nicht wahrhaben will, in Reiki finden, so als ob sie nichts mit ihm zu tun hätten.

Nur der Mensch, der bereit ist, sich selbst zu begegnen, wird freudig diesen Geschehnissen begegnen, obwohl sie manchmal schmerzhaft sein werden. Nur ein wahrhaft intelligenter Mensch versteht diese Prozesse und weiß, daß, bevor es hell wird, man der Dunkelheit begegnen muß.

Es besteht also die Möglichkeit für euch, durch die Praktizierung von Reiki bewußter über eure inneren Vorgänge zu werden - im physischen, emotionalen und mentalen Bereich. Wir sagten im letzten Kapitel, daß Reiki nichts esoterisches oder spirituelles ist. Aber wir müssen hinzufügen, daß die Praktizierung von Reiki euch dabei unterstützen kann, ein spirituelleres Leben zu führen als bisher. Warum? Seid ihr am

Anfang bereit, wach allem zu begegnen, was geschieht in euch, wird und kann eine Reinigung und Bewußtwerdung in euch geschehen und das ist die Voraussetzung für ein sogenanntes *spirituelles Sein.*

Nur der Mensch ist spirituell, der seine eigene innere Schönheit zuläßt und erkennt. Damit meinen wir natürlich nicht eine äußere physische, sondern eine innere reine Schönheit. Ein spirituelles Leben bedeutet zusätzlich, daß dieser Mensch alles veranlaßt, damit sich diese innere Schönheit, Klarheit und Stille in ihm immer mehr ausbreitet. Denkt an die Mönche, dafür setzten sie Reiki ein! Eigentlich ist Reiki eine Meditationstechnik, die, je nachdem ob man sie an sich anwendet, also alleine oder wenn man Reiki weitergibt, zu zweit oder zu mehreren, praktiziert wird. Diejenigen unter euch, die bereits Reiki ausüben, wissen vielleicht was wir meinen. Da diese Art der Energieübermittlung in Stille geschieht und bei einer Partnerbehandlung der Bekommende tief entspannen kann, ist auch der Gebende in einem Zustand des Nicht-tuns, des Sich-öffnens und Geschehen-lassens. Das ist Meditation!

Geht ihr mit dem Bewußtsein in eine Reiki-Behandlung, daß dies eine Meditation ist und ihr bereitet euch dementsprechend innerlich darauf vor, so wird die Behandlung für den Gebenden und den Bekommenden vertieft und eine neue Qualität, eine frühere Qualität, kommt hinzu. Mit früherer Qualität meinen wir, daß dies die Absicht der Mönche war, die Reiki in die Welt brachten und die in den letzten Jahrzehnten verloren ging.

Reiki unterstützt euch also, ein meditativerer Mensch zu werden. Viele von euch verwenden Reiki unter dem Aspekt zu heilen, vor allem Krankheiten. Dies sollte nicht der erste Ansatz für euch sein, Reiki anzuwenden! Viele von euch denken nun vielleicht, "aber dafür ist es doch da!" In gewisser Weise ist es auch so, doch wir möchten einige Dinge klarstellen, einige Dinge ins rechte Licht rücken, da wo sie hingehören. Reiki hilft beim Heilen *aller* Ebenen des Menschen. Krankheit ist ein komplizierter Vorgang und der Ausdruck einer Mißschwingung in einer Ebene von euch. Die Anwendung von Reiki hilft und unterstützt den Menschen oder besser den Organismus, mit dieser Mißschwingung fertig zu werden, wenn Bewußtheit über die Ursache der Mißschwingung erlangt wird und Offenheit vorhanden ist zur Veränderung. Das ist die Voraussetzung zur Heilung. Die Anwendung von Reiki bei einer kranken Person kann letztlich also nur auf Dauer erfolgreich sein, wenn der Bekommende diese Qualitäten der Offenheit und der Fähigkeit, sich über den Vorgang seiner Krankheit bewußt zu werden, mitbringt. Reiki kann nichts tun für die andere Person ohne deren Unterstützung und Offenheit! Doch so ist es mit allen Heilungen, mit allen Heiltechniken. Der freie Wille des Menschen, auch zu Krankheit und Leid, ist unbegrenzt. Hat ein Mensch sich entschieden krank zu sein und zu leiden, kann ihm keine Therapie, keine Heilung, keine Medizin helfen!

Krankheit ist ein kompliziertes Gebilde und hat oft mit etwas ganz anderem zu tun, als mit einer bloßen physischen Mißschwingung. Sie ist oft die Auswirkung von etwas ganz anderem. Hat ein Mensch z.B. Magenkrebs, wird größtenteil immer noch der Krebs mit Medikamenten, Bestrahlung, usw. behandelt. Also das physische Organ bekommt eine Behandlung. Doch der Krebs hat seine Ursache. In unserem ersten Buch deuteten wir bereits an, daß die Lage der Krankheit im physischen Körper ein Anhaltspunkt für die Erklärung der Störung ist. Magenkrebs liegt im Solarplexusbereich, gehört zum dritten Chakra und somit zum Emotionalbereich. Die

Ursache dieser Krankheit ist also im Emotionalbereich, in der Unterdrückung von Gefühlen zu suchen. Auf diese Erkenntnis müßte die eigentliche Therapie aufbauen und ausgearbeitet werden. Zusätzlich könnten dann noch Medikamente hinzukommen. Der Fokus bei der Therapie müßte also ein ganz anderer sein. Heilung ist somit ein komplizierter Vorgang, was nicht so sein müßte, wenn alles richtig verstanden würde!

Wird ein schwerkranker Mensch über einen längeren Zeitraum mit Reiki versorgt und läßt dieser die Energie in sich eindringen, so ist früher oder später auch eine seelische Begleitung durch den Gebenden nötig und zwar in der Form, daß er fähig ist, den kranken Menschen in einer Aufarbeitung der inneren Bewußtwerdungsprozeße zu unterstützen. Bei einer Reiki-Behandlung werden zwar die Hände auf den physischen Körper des Partners aufgelegt, durch die dann die Energie fließt, doch es ist so, daß die Auswirkungen dieser Behandlung nicht nur den physischen Körper erreichen, sondern daß sie sofort von allen anderen Körpern unmittelbar empfangen wird, soweit wie es dem Bekommenden möglich ist. Dadurch geschehen Reaktionen auf physischer, emotionaler und mentaler Ebene, auf die der Gebende vorbereitet und ausgebildet sein muß, in der Art, daß er eine Offenheit und Stärke in sich trägt, die gewährleistet, daß, was immer auch geschieht, er diesen Reaktionen gewachsen ist. Damit meinen wir nicht, daß der Gebende gute Ratschläge, Lebensrichtlinien oder moralische Noten zu vergeben hat. Nein! Der Gebende sollte einfach ein erwachsener, innerlich gereifter Mensch sein, der Verantwortung tragen kann und der Weisheit erlangt hat durch seinen eigenen inneren Bewußtwerdungsprozeß.

Seht einmal selbst in euch hinein, ihr, die ihr diese Worte jetzt lest und bereits schon Reiki praktiziert. Unter welchen Aspekten gebt ihr anderen Reiki? Habt ihr euch selbst über eine Zeitdauer behandelt und seid ihr dabei durch eine innere Reinigung und Selbstheilung auf allen Ebenen gegangen? Fühlt ihr Verantwortung, wenn ihr anderen Reiki gebt? Je ehrlicher und tiefer ihr auf diese Fragen eingeht, um so intensiver werdet ihr Reiki erfahren, um so mehr Kraft werdet ihr aus euren Erfahrungen mit Reiki ziehen können.

Jeder neu eingeweihte Reiki-Schüler sollte zunächst einmal über einen längeren Zeitraum sich selbst behandeln. Ideal wäre es, wenn sich diese neu eingeweihten Schüler nach einer dreimonatigen täglichen Selbstbehandlung regelmäßig treffen könnten, um Reiki gegenseitig untereinander auszutauschen. So können die Schüler Erfahrungen sammeln in der Praktizierung an anderen und es sollte dabei klar sein, daß jeder hierbei lernt. Ihr fragt vielleicht, was gelernt werden soll, da die Handpositionen bei einer Behandlung ja immer dieselben sind. Gelernt wird beim Praktizieren an verschiedenen Menschen, wie unterschiedlich sich jeder Mensch anfühlt, wie unterschiedlich sich selbst an einem Menschen verschiedene Körperstellen anfühlen und wie die Energie unterschiedlich durch die Hände eingezogen wird. Die Schüler lernen am Anfang, wieder Energie zu fühlen! Ihr habt vergeßen, wie sich Energie anfühlt, besonders feine Energie. Ja, ihr kennt die eher groberen Gefühle wie Freude über ein Auto, sexuelle Attraktion, Aufregung, Wut oder Zorn. Doch die feineren Empfindungen sind euch fast völlig verloren gegangen. Ihr fühlt die Energieströme eures physischen Körpers nicht. Ihr fühlt eure Chakren und Energiekörper nicht. Durch die wache Praktizierung von Reiki kann dies alles wieder mehr in euer bewußtes Empfinden treten und dies wäre ein breites Lernspektrum für den Reiki-Schüler. Reiki wirkt also auf eure Sinne und euer Bewußtsein sensibilisierend, wenn ihr es zulaßt!

Reiki-Lehrer und Reiki-Schüler

Beide, Reiki-Lehrer und Reiki-Schüler, bestimmen das Geschehen in einem Einführungsseminar durch den Grad ihrer Offenheit und Bewußtheit!

Der Reiki-Lehrer kann nur so viel Energie in den Einweihungen durch sich in den Schüler fließen lassen, wie es sein Entwicklungsstand zuläßt. Der Reiki-Schüler kann diese Energie nur in dem Maße aufnehmen, wie es wiederum sein Entwicklungsstand zuläßt.

Die Einweihungen sind das entscheidende Moment in einem Seminar und für den späteren Verlauf in der Praktizierung von Reiki für den Schüler. Das Hauptaugenmerk in einem Seminar sollte also auf die Einweihung gerichtet sein und auf das Verständnis dieser. Der Reiki-Lehrer sollte deshalb die Qualität und das Wissen in sich tragen, wie er dies seinen Schülern vermitteln kann. Hier beginnt die Schwierigkeit, und wir sprachen schon einmal an, daß die Reiki-Lehrer heutzutage vor großen Herausforderungen stehen, allein durch die unterschiedlichen Entwicklungszustände der Schüler, die zu ihnen kommen. Auf jeden Schüler muß eingegangen werden, und jedem muß ein gewisses Verständnis von dem Geschehen bei Reiki vermittelt werden. Die Zeiten sind vorbei, wo nur ausgesuchte Schüler in Reiki eingeweiht wurden. Allen Menschen steht nun der Zugang hierfür offen, und der Reiki-Lehrer ist derjenige, der großes Fingerspitzengefühl und die Fähigkeit haben sollte, mit Menschen zu arbeiten.

Doch ebenso wie heute allen Menschen offen steht, in Reiki eingeweiht zu werden, steht es ihnen auch relativ offen, zum Reiki-Lehrer eingeweiht zu werden. Oft ist es heute nur eine Frage des Geldes! Früher war dies wiederum ganz und gar außer Frage. Wie schon gesagt, waren die Reiki-Meister weit fortgeschrittene, weit entwickelte Menschen, die eine seit ihrer frühen Kindheit beginnende Meditationspraxis hinter sich hatten. Der Bewußtseins- und Entwicklungsstand war ausschlaggebend! Das gesamte Wissen wurde von einem Reiki-Meister an einen anderen Reiki-Meister weitergegeben, wenn er einen bestimmten Bewußtseinsgrad durch seine Meditations- und Lebenspraxis erreicht hatte. Das dauerte oft Jahre und war eine Lebensaufgabe.

Nun, die Zeiten und die Lebensumstände haben sich verändert. Von den Reiki-Lehrern heutzutage wird nicht mehr so viel verlangt an Bewußtseinsstand. Die materielle Orientiertheit prägt auch das Geschehen um und mit Reiki. Oft ist leider nur noch der materielle Preis wichtig, warum man sich von einem bestimmten Reiki-Lehrer ausbilden läßt und warum nicht. Die Praktizierung als Reiki-Lehrer wird heutzutage als ein normaler Job von vielen angesehen, durch den man seinen Lebensunterhalt verdient. Dadurch verflacht das Geschehen um Reiki und somit ging etwas verloren. Ebenso gibt es aber auch viele übersteigerte Idealisten unter den Reiki-Lehrern, die ihre Methode als die alleinige, höchste und beste ansehen, die allen Menschen nahegebracht werden muß. Das ist ein anderes Extrem in der Bewegung von Reiki-Lehrern.

Euch ist vielleicht aufgefallen, daß wir von den heutigen Reiki-*Lehrern* sprechen und von den damaligen Reiki-*Meistern*. Das hat seine Bedeutung darin, daß die damaligen Meister wirklich Meister waren durch ihre inneren Qualitäten! Wir möchten diese Unterscheidung unbedingt tätigen, denn es besteht ein riesiger Qualitätsunterschied zwischen ihnen und den heutigen Reiki-Lehrern, wenigstens bei 99 %.

Ein Reiki-Meister kann sich als Meister betiteln, der sich innerlich insgesamt auf allen Ebenen vervollkommnet hat, als ein Wesen des Lichts und der mit Reiki arbeitet. Reiki ist dann Ausdruck, wie er sein Licht an andere weitergibt und seiner Fähigkeit, anderen dieses Licht zu vermitteln. Den heutigen Reiki-Lehrern geht es häufig nur noch um die bloße Technikvermittlung. Zu mehr sind sie oft sogar nicht fähig und haben es auch nicht anders gelernt!

Wir möchten an dieser Stelle diejenigen unter euch ansprechen, die als Reiki-Lehrer arbeiten, oder besser ausgedrückt *dienen*, und euch fragen, ob ihr noch etwas dafür tun könnt, um euch noch mehr innerlich auszubilden. Solltet ihr vielleicht beginnen, eure eigenen Chakren zu erkunden und bestimmte Übungen hierzu machen? Solltet ihr vielleicht noch tiefer in Meditation eintauchen? Solltet ihr vielleicht noch mehr die Reiki-Symbole (auf die wir an späterer Stelle noch zu sprechen kommen) auf euch einwirken lassen, um sie somit klarer weitergeben zu können? All dies sind Fragen, die sich ein Reiki-Lehrer, wenn er seine Aufgabe gewissenhaft und verantwortlich erfüllen möchte, stellen könnte. Wir möchten euch dazu anregen, dies zu tun!

An dieser Stelle hören wir bereits wieder einige empörte Stimmen, die sagen: "Aber wir wurden doch ausgebildet, und mit dieser Ausbildung ist die Sache erledigt!" Inneres Wachstum ist jedoch nie endgültig abgeschlossen, und Reiki hat mit innerem Wachstum zu tun. Inneres Wachstum entfaltet sich immer weiter und weiter, wenn ihr es nicht daran hindert! Auch ein Reiki-Lehrer muß sich immer mehr und tiefer erfahren und erleben. Auch er muß oder sollte an der Entwicklung seines Bewußtseins beständig durch Meditation arbeiten oder besser noch, gerade er *muß* das tun, um sich klar und sauber zu halten, da er mit Menschen arbeitet.

Ihr seht, der Reiki-Lehrer hat eigentlich gewisse Pflichten, die in seiner inneren Weiterentwicklung liegen. Doch er hat alles dafür nötige zur Verfügung, allein durch das vierte Reiki-Symbol!

Die Beziehung zwischen Reiki-Lehrer und Reiki-Schüler sollte eine klare, freundschaftliche sein im Sinne der Verbundenheit aller Wesen dieses Planeten. Der Lehrer sollte etwas zu geben haben, außer der einfachen Technikvermittlung, und der Schüler sollte bereit sein, empfangen zu können. Für viele Schüler ist Reiki der erste Schritt in eine neue Welt, in eine neue Art das Leben wieder zu erfahren. Viele Menschen haben vergessen um ihre inneren Qualitäten, sehnen sich aber nach etwas, das sie nicht einmal exakt beschreiben können. Deswegen fühlen sich so viele zu Reiki hingezogen, weil sie ahnen, daß sie dadurch diesem Unbeschreiblichen näherkommen.

Der Reiki-Lehrer hat es eigentlich heutzutage schwieriger als die früheren Reiki-Meister, denn ihm begegnen so viele unterschiedliche Menschen, auf die er eingehen, die er beraten und denen er Reiki vermitteln muß. Allein das ist Grund genug, warum der Reiki-Lehrer eine innere Reife, Stärke und Klarsicht erreichen muß, bevor er beginnt zu praktizieren.

Viele von euch fragen nun vielleicht, wie ihr den für euch richtigen Reiki-Lehrer findet? Ihr solltet euch vor eurer Wahl einfach überlegen, was ihr wollt. Wollt ihr eine reine Technikvermittlung ohne viel Erklärung oder wollt ihr jemanden, der ein wirkliches Verständnis von Reiki erreicht hat. Die sogenannten Technikvermittler sind vielzählig und leicht zu finden. Die anderen müßt ihr einfach suchen und aussuchen. Die eigene Wahrhaftigkeit in euch, wird euch zu dem Lehrer führen, der zu euch paßt.

Im Idealfall ist der Reiki-Lehrer für den Reiki-Schüler wie ein Geburtshelfer in eine neue Art von Leben. Im Idealfall begleitet der Reiki-Lehrer den Schüler, wenn dieser es wünscht, bei den ersten Schritten in einem Leben voll Verantwortung und zeigt ihm anfängliche Hindernisse und Gefahren auf. Für viele Schüler, wir haben es schon an früherer Stelle angesprochen, ist Reiki oft der erste Schritt hin zu mehr Bewußtheit über sich selbst. Die Reiki-Seminare sind wie ein Anstoß, sich wieder zu erinnern, daß man nicht nur aus Materie besteht, daß man nicht unbedingt abhängig sein muß von äußerer Heilung und daß es viele Ebenen zu entdecken gilt. Ein Reiki-Seminar ist immer ein Hinweis auf die Möglichkeiten und Fähigkeiten, die in jedem Menschen schlummern. Der Reiki-Lehrer ist derjenige, der liebevoll die Menschen darauf hinweist. Dies ist eine schöne und wertvolle Arbeit, Menschen ihrem eigenen inneren Potential näherzubringen. Es ist eigentlich das, was für jeden Menschen das Wichtigste sein sollte, und der Reiki-Lehrer unterstützt oder weist Menschen darauf hin.

Im Bewußtsein dessen ist es eine großartige Aufgabe, die ein Reiki-Lehrer heutzutage hat, auch wenn er vielen Herausforderungen entgegen zu sehen hat. Nach dem ersten Schritt der Erinnerung an dieses Potential und der Einweihung, ist es für viele Menschen sehr wichtig, sich weiterhin vom Reiki-Lehrer begleiten zu lassen, natürlich immer unter dem Aspekt, daß es von ihnen gewünscht wird. Da für viele Schüler diese Art der Begegnung, egal ob mit sich selbst oder mit anderen, so neu ist, werden oft viele Erfahrungen nicht richtig verstanden oder mißinterpretiert. Deswegen schlugen wir bereits vor, daß sich die Schüler nach einer täglichen dreimonatigen Selbstbehandlung regelmäßig zusammen mit dem Lehrer treffen, um Reiki gegenseitig auszutauschen. Hierbei kann der

Lehrer den Schülern mit seinem Rat zur Seite stehen, und er kann ihnen Erfahrungen und Erlebnisse, die sie in den Behandlungen gemacht haben, erklären. Somit werden die Treffen angeleitet von der inneren Erfahrung und dem Wissen des Reiki-Lehrers. Dann erst beginnt die eigentliche Ausbildung der Schüler. Das Reiki-Seminar war der Anfangsschritt, nach dem zunächst einmal Erfahrungen gesammelt werden mußten, damit die eigentliche Ausbildung beginnen kann, die Ausbildung mit Reiki umzugehen. Dann bestimmt die Praktizierung von Reiki sehr stark den Lebensweg des Schülers, ja, Reiki wird zum Lebensweg! Was meinen wir damit? Reiki wird so zu einem Symbol, wie man sein Leben lebt und zwar immer im Bewußtsein der eigenen inneren Möglichkeiten, des eigenen inneren Potentials und der eigenen Verantwortung!

Nur ein Mensch, der vollkommen die Verantwortung für sich selbst übernimmt, in allen nur möglichen Angelegenheiten, ist voll erwacht und erblüht.

Somit ist das Potential, das in Reiki für den Menschen liegt, unendlich groß und wertvoll, da es dem Menschen seine Verantwortung zeigt. Es ist der Schatz von Reiki, Menschen auf seine inneren Qualitäten hinzuweisen und hinzuführen. Deswegen ist Reiki gerade in der heutigen Zeit von so großem Wert für die Menschen, trotz aller manchmal ungünstigen Erscheinungen, die wir bereits angesprochen haben. Der Mensch sehnt sich zurück in eine Zeit, wo er seine feinstofflichen Ebenen wieder mehr in sein Leben integrieren kann, und die Praktizierung von Reiki ist ein Weg, diese feinen Ebenen wieder zu spüren. Deswegen kamen bereits so viele Menschen mit Reiki in den letzten Jahren in Verbindung.

Nun ist die Zeit angebrochen, mehr Licht auf Reiki zu werfen und die Qualitäten, die Möglichkeiten und das Geschehen dabei klarzustellen. Dr. Usui hat die Methode im letzten

Jahrhundert wiederentdeckt. Er war ein tief religiöser Mensch und doch konnte er auch nicht genau erklären und hat nicht genau verstanden, wie Reiki wirkt. Er war lediglich das Vehikel, das Medium durch das Reiki wieder zu den Menschen kam und er hat den Boden hierfür bereitet, daß Reiki diesmal für alle Menschen möglich wird. Es wurden also neue Voraussetzungen für etwas geschaffen, das einst geheim oder nur wenigen priveligierten Menschen zugänglich war. Der Same wurde auf ganz neuem Boden ausgesät und für die Menschen benötigte es zunächst einmal eine gewisse Zeit, sich mit dem Samen zurechtzufinden, mit ihm umzugehen und herauszufinden, was man alles mit ihm machen kann.

Deswegen sind die Irrungen und Wirrungen, die teilweise um Reiki herum stattfinden, verständlich. Der Mensch versucht den *Samen* zu verstehen und in sein Leben zu integrieren, in ein Leben das gefärbt ist von der Zeit des Materialismus.

Der Same von Reiki ist in der ganzen Zeit immer gleich und unverändert geblieben. Nur der Mensch hat den Samen versucht in einem immer wieder neuen Licht zu sehen, allein aus dem Grund, weil er ihn nicht richtig verstanden und erkannt hat. Die Wiederentdeckung von Reiki durch Dr. Usui ist also als ein Geschenk an die Menschheit der heutigen Zeit anzusehen, das sie wiedererinnert an ihre inneren Werte und Qualitäten!

Nun kommt es auf die Menschen an, was sie mit diesem Geschenk anfangen. Gehen sie respektvoll und dankbar damit um oder erkennen sie nicht den Wert.

Das was in dem Wort "Reiki" ausgedrückt wird, nämlich die Fähigkeit des Menschen Energie zu kanalisieren, bleibt immer gleich und es kommt auf den Menschen an, ob er sich damit auseinandersetzt oder nicht, ob er die Möglichkeit der

Heilung erkennt oder nicht und ob er sich die Chance zugesteht, diese Heilkanäle in sich durch einen Reiki-Lehrer *einweihen* oder aktivieren zu lassen. Es ist nicht nötig, damit die Energie fließt, doch es ist eine großartige Unterstützung.

Ätherenergie

Noch einmal möchten wir darauf zu sprechen kommen, welche Art von Energie durch die Heilkanäle eigentlich fließt.

Ihr lebt auf einem Himmelskörper, dem Planeten Erde, in einem physischen Gefährt, eurem Körper. Ihr seid als Wesen eingebunden in das, sagen wir einmal, physische Geschehen eures Planeten, wie z.B. die jährlich wiederkehrenden Jahreszeiten wie Sommer, Herbst, Winter, Frühjahr und euer Körper durchläuft ebenso Zyklen, sei es innerhalb eines Tages oder auch in größeren Abständen, wie z.B. von Jahren. Dieses physische Gefährt, euer Körper, ermöglicht euch, Erfahrungen auf der materiellen Ebene des Planeten Erde zu durchlaufen.

Euer physischer Körper ist ein Teil der materiellen Existenz des Universums. Er ist quasi aus der selben Energie geschaffen, wie die vielen Millionen von Planeten, Sternen und Sonnen. Euch durchdringt die selbe Energie, aus der das Universum einst entstand und laufend weiter entsteht. Unablässig werden neue Himmelskörper geboren, für euer Auge nicht ersichtlich, für euch unendlich weit entfernt. Ihr seid eine Art der Verdichtung dieser Energie, genauso wie einzelne Planeten es sind.

Führt euch vor Augen, wie ein Mensch im Mutterleib entsteht. Zunächst erscheint der Embryo wie ein winziger, fast nicht sichtbarer Punkt. Der einzelne menschliche Same ist nur unter euren Mikroskopen ersichtlich und ebenso das weibliche Ei. Dann im Laufe der Wochen wächst, verdichtet sich diese Energie und kristallisiert sich zu einem winzigen menschlichen Wesen. In dieser Zeit durchläuft das winzige Etwas, das aus einem männlichen Samen und einem weiblichen Ei entstand, viele Phasen, bis es zum Menschen wird. Die Energie verdichtet und kristallisiert sich.

Ebenso war und ist es mit dem Universum. Energie trifft zusammen, verbindet und verdichtet sich und es entsteht neues Leben, neues Bewußtsein.

Diese Art von Energie, aus der ihr, oder besser ausgedrückt euer physischer Körper und das physische Universum hervorgegangen seid, kann man Ätherenergie nennen. Euer physischer Körper ist eine Verdichtung von Ätherenergie und ebenso das gesamte Universum. Euer physischer Körper braucht diese Ätherenergie zum Leben, und die Chakren z.B. transformieren diese Energie sogar in verschiedene Bereiche eures Erfahrens hinein.

In unserem zweiten Buch beschrieben wir den ersten Energiekörper als den physischen Körper mit dem Ätherkörper, der als ein rein elektrisches Gebilde beschrieben wurde. Der physische Körper ist der sogenannte *feste* Teil, innerhalb dessen es auch Abstufungen gibt. Der Ätherkörper ist der Teil, der den festen Körper möglich macht. Innerhalb dessen gibt es wiederum Abstufungen in der Dichte. Der Ätherkörper wird heutzutage bereits sichtbar durch eine bestimmte Art von Photografie, die ein russisches Ehepaar, mit Namen Kirlian, entwickelte. Durch diese Photographie wird auch für Skeptiker sichtbar, daß jedes Wesen eine elektrische Ausstrahlung um den physischen Körper herum hat.

Physisches Leben erzeugt Energie, oder wird es vielleicht durch Energie erst möglich? Das ist eine lohnenswerte Frage, über die es nachzudenken gilt.

Jeder lebende Mensch, jede Pflanze, jedes Tier hat ein elektrisches Feld um seinen Körper. Der Ätherkörper des Menschen ist ebenso ein komplexes, kompliziertes Energiegebilde, wie der feste physische Teil. Innerhalb des Ätherkörpers gibt es wie schon angesprochen, Abstufungen, innerhalb derer unterschiedliche energetische Geschehnisse vor sich gehen. Die Energiebahnen und die Chakren liegen innerhalb einer Abstufung, liegen auf einer gleichen Ebene des Ätherkörpers.

Der Ätherkörper braucht Ätherenergie und nimmt diese auf durch verschiedene *Organe*, wie z.B. die Chakren und die Energiebahnen. Er leitet dann die Ätherenergie durch diese Organe weiter in den physischen Körper und über die Chakren auch in andere Ebenen des menschlichen Bewußtseins, wo sie transformiert wird. Deswegen wird Reiki oft als die universelle Lebensenergie benannt, ohne genau zu beschreiben, was das eigentlich ist. Der Mensch als körperliches Wesen benötigt Ätherenergie, die über bestimmte Vorrichtungen innerhalb des Körpers aufgenommen und verarbeitet wird und so bestimmte Funktionen möglich macht. Der Mensch, je mehr er sich über diese Mechanismen klar wird, kann diese Vorrichtungen klären, reinigen und stärken und sich immer mehr als ein Energiewesen sehen.

Ihr alle habt schon einmal den Satz gehört: "Alles ist Energie, alles schwingt!" Es ist so, und auch ihr seid Energie, obwohl ihr oft nur euren Körper seht oder feste Dinge um euch herum als real anseht. Doch auch der feste physische Körper ist Energie, die schwingt und die aus Energie entstanden ist.

Ätherenergie ist von euren Forschern noch lange nicht vollständig entdeckt, ja wurde bis vor kurzem fast völlig als irrsinnig abgelehnt. Das spiegelt die starre, materiell orientierte Sichtweise wieder. Doch bedenkt, Ätherenergie erzeugt die feste physische Ebene, ist also Teil dieser und die Wissenschaftler haben noch nicht einmal diesen ersten Teil voll erkannt. Sie bewegen sich halsstarrig auf nur einem Bereich, der physischen Ebene. Sie sehen oder wollen nur den festen physischen Bereich sehen, sei es im Bereich der Ausbeutung der

Erde oder z.B. in der Diagnose der Krankheiten des Menschen. Ätherenergie könnte viel mehr benutzt werden zur Energieerzeugung ohne schädliche Nebenwirkungen, ja sogar mit positiven Auswirkungen auf die Umwelt, im Gegensatz zur momentanen Energieherstellung, die zur Ausbeutung der Naturressourcen der Erde führt.

Noch ist der Mensch in diesem Bereich fixiert auf die feste Ebene und Machtinteressen haben sich durch ihre Profitgier darauf eingeschworen, neue Ideen in diesem Bereich zu unterdrücken.

Die Nutzung von Ätherenergie ist die Energieerzeugung der Zukunft, denn sie schädigt die Erde nicht und kann andererseits noch zu ihrer Heilung eingesetzt werden!

Die Nutzung von Ätherenergie im täglichen Leben wird dann eine neue Ära widerspiegeln. Eine Ära, die geprägt ist von größerer Intelligenz und der Bereitschaft, mehr mit dem Herzen zu sehen. Das Erkennen der Möglichkeiten von Ätherenergie spiegelt ebenso eine Erweiterung im Denken, eine Erweiterung der Mentalebene der Menschen, wider. Noch ist das Potential der Mentalebene begrenzt auf eng gesteckte Bereiche bei den Menschen insgesamt und auch bei den Wissenschaftlern. Doch es ist nicht so, daß die Möglichkeiten der Ätherenergie durch einige wenige Wissenschaftler noch nicht erkannt wurde. Das Gedankengut darüber existiert bereits, der Same wurde bereits gelegt. Nun kommt es darauf an, wie lange die Machtinteressen das Erscheinen dieses Gedankengutes und vor allem die Umsetzung dessen in Form von Maschinen, Autos, Heizungen usw. verhindern wollen und können.

Aber die Zeit wird kommen, wo der Mensch sich befreit von allen negativen Umweltverschmutzern, die das tägliche Leben "erleichtern" sollen, wie z.B. von stinkenden Autos oder Fabriken. Will der Mensch auf diesem immer noch wunderschönen Planeten weiterleben, so müssen Erweiterungen in seinem Bewußtsein, und zwar auf allen Ebenen, stattfinden.

Dies wollen wir näher erläutern. Bis es zu einem Fahrzeug, angetrieben durch Ätherenergie kommen kann, muß vorher die Idee im Mentalkörper erscheinen, dann die Umsetzung und Ausarbeitung dieser Idee. Auch der emotionale Wunsch muß vorhanden sein, etwas gutes, sinnvolles, etwas zur Verbesserung der Atmosphäre der Erde beitragen zu wollen. Am Anfang stand also die Idee, d.h. ein Ereignis im Mentalkörper und der Wunsch oder die Liebe für Erde und Mensch, d.h. ein Ereignis im Emotionalkörper. Dies führt dann früher oder später zu dem Fahrzeug in der materiellen Ebene. Eine Erweiterung des menschlichen Bewußtseins auf allen drei Ebenen hat somit stattgefunden.

Das Leben ist eine ständige Erweiterung und Ausdehnung, und das Sein ist ein ständiges Weiterfließen in immer neue Ebenen hinein!

Der Mensch insgesamt steht an einer neuen Stufe des Bewußtseins. Global muß es zu einer Erweiterung des Bewußtseins kommen. Und eigentlich sind es doch nur wenige kleine Schritte, die es zu tun gibt. Etwas mehr Liebe sich selbst und anderen gegenüber wird sich auch in größerer Liebe der Erde gegenüber zeigen, so daß diese große zerstörerische Ausbeutung nicht mehr möglich ist.

Doch zurück zur Ätherenergie und dem menschlichen Körper! Ätherenergie ist also Nahrung für den menschlichen Körper, zusätzlich zu allen anderen Arten, wie z.B. Essen, Trinken etc. Doch woraus besteht euer Gemüse, euer Obst? Alles ist verdichtete Ätherenergie und ist durchdrungen von ihr. Der physische Körper nimmt also direkt Ätherenergie auf, durch

Organe im Ätherkörper, wie z.B. die Chakren und die Energiebahnen oder er nimmt umgewandelte Ätherenergie auf, in Form von Nahrungsmitteln wie Obst und Gemüse.

Die Energiebahnen im Ätherkörper nehmen also diese Ätherenergie auf - und zwar immer und bei jedem Menschen. Es kommt dann aber auf den Menschen an, in wieweit er dies erkennt und wie er mit dieser Energie in irgendeiner Form umgeht.

Ätherenergie wird durch die Energiebahnen prozessiert, zunächst einmal zum Wohle des physischen Körpers. Diese Energie wird wieder über die Hände und Füße abgegeben. Energie läuft also durch den physischen Körper hindurch und wieder aus ihm hinaus. Wieviel Energie aus den Händen und Füßen fließen kann, ist natürlich abhängig davon, wieviel Energie durch die Energiebahnen aufgenommen werden kann.

Je mehr der Mensch sich nach innen wendet, sich erforscht und erkennt, je mehr der Mensch ein liebevolles, meditatives Leben lebt und alte negative Verhaltensmuster auflöst, um so feiner wird auch sein Gefährt, der physische Körper. Dadurch gerät der Mensch mehr in Einklang zunächst mit sich selbst und automatisch mit der Existenz. Immer mehr schwingt er in Harmonie mit der vorhandenen unendlichen Fülle der Existenz. Je feiner und durchlässiger der Mensch wird auf allen Ebenen seiner selbst, um so mehr Ätherenergie wird aufgenommen und um so mehr Energie insgesamt hat er zur Verfügung. Sein physisches Gefährt schwingt mit der Zeit immer höher. Alle Zellen werden mit der Zeit immer stärker belebt und reaktiviert.

Am Beginn einer verstärkten Zufuhr von Energie entsteht zunächst immer, egal auf welcher Ebene diese Zufuhr besteht, ein Reinigungsprozess. Alte Verhärtungen und Giftstoffe werden umspült von der neu hinzugekommenen Energie und werden mit der Zeit vom Körperbewußtsein ausgeschieden, da es sie als Fremdkörper erkennt. Als nächstes findet ein Aufbau der vorhandenen Ebene statt und dann eine Verstärkung, die sich mit der Zeit weiter fortsetzt. Das ist immer der Ablauf bei der Zuführung von Energie, egal auf welcher Ebene sie stattfindet. Die Dauer der einzelnen Phasen, die wir die Entgiftungs- und Reinigungs-, bzw. die Aufbau- und Verstärkungsphase nennen wollen, ist immer abhängig, wie stark die sogenannte Vergiftung ist und wie stark der Wunsch im Menschen vorhanden ist, diesen Prozess zu unterstützen. Der tiefe Wunsch und das Verstehen im Menschen während einer Reinigungsphase ist entscheidend wichtig, da unter Umständen viel von ihm abverlangt wird, wenn die Verunreinigung groß ist.

Viele Menschen arbeiten als *Heiler* und haben gute Heilerfolge, ohne daß sie jemals eine Reiki-Einweihung hatten. Sie haben bereits ihre Heilkanäle aktiviert, ohne vielleicht zu wissen warum. Oft geschieht es ihnen wie aus heiterem Himmel heraus, wie ihr so schön sagt. Doch die Möglichkeit zu heilen kommt nie zufällig. Meist wurden Bemühungen bereits in früheren Leben gemacht, aber auch in diesem Leben, ohne daß sie als Bemühungen von ihnen tituliert wurden. Es gibt aber auch die natürlich begabten Menschen, für die es gar keine Frage ist mit ihrer Heilenergie anderen Menschen zu helfen oder nicht.

Doch manchmal kommt es auch vor, daß Menschen plötzlich zu vermehrten Heilkräften kommen, ohne daß sie eine natürliche Begabung haben oder je an sich gearbeitet hätten. Dies nennen wir einen spirituellen Unfall, was durch alle möglichen Gegebenheiten eintreten kann, wie z.B. einen Autounfall, einen Sturz oder einen Eingriff in die Energie dieser

Person. Plötzlich erhält die Person vielleicht vermehrt Kräfte, für die sie nicht die richtige Einstellung hat und auf die sie sich nicht vorbereitet hat. Die Gefahr des Mißbrauchs tritt dadurch auf! Dies kann aber nur möglich werden, weil die Person kein umfassendes Verständnis hat über die Situation, die bei ihr eingetreten ist. Sie hat wahrscheinlich auch kein Wissen über den Aufbau des Energiesystems des Menschen und insgesamt über alle größeren Zusammenhänge. Diese Person ist in hohem Maße gefährdet, Dinge zu tun, zu denen sie nicht berechtigt ist. Sie wird die plötzliche Fähigkeit zu heilen sich selbst zuschreiben und ihr Ego kann sich zu ungeahnten Größen aufplustern. Demut wird in dieser Art des Heilens fehlen, Mitgefühl wird fehlen und der Wunsch, andere zu manipulieren, wird unüberwindlich werden. Die Fähigkeit zu heilen wird dann mißbraucht, um andere Menschen von sich abhängig zu machen und in den Bann zu ziehen. Die Würde jedes einzelnen Menschen wird so nicht mehr geachtet. Das, was positiv für Menschen sein könnte, nämlich die Fähigkeit Heilenergie zuzuführen, wird nun zu einem negativen Zweck eingesetzt und zum Schaden für die Menschen auf längere Zeit. Den Menschen wird dadurch die Chance weggenommen, zu erkennen, daß sie sich selbst heilen können und der Heilerfolg wird verlagert auf den Einfluß einer anderen Person!

Deswegen ist es so wichtig, Menschen gut vorzubereiten, wenn sie sich zur Teilnahme an einem Reiki-Seminar entschließen. Das was vor einer Reiki-Einweihung zu geschehen hat, ist von bedeutender Wichtigkeit. Den Teilnehmern muß ein umfassendes Verständnis mitgeteilt werden, über das Energiesystem des Menschen, über die Möglichkeiten sich selbst zu reinigen und über die Fähigkeiten, die in jedem Menschen vorhanden sind.

Seht ihr nun, wie ausführlich eigentlich der Boden vorbereitet werden müßte, damit er fruchtbar genug ist, den Samen (Reiki) zu empfangen und wachsen zu lassen?

Doch das gilt eigentlich für alles in eurem Leben, was euch begegnet und geschieht. Je mehr ihr euch selbst innerlich begegnet, je mehr ihr euch reinigt, je klarer ihr euch über euch selbst werdet, um so respektvoller und liebevoller seid ihr in eurem täglichen Leben und auch solchen Erfahrungen wie Reiki gegenüber. Die Methode Reiki ist nur aus diesem Grund in soviele Irrwege in den letzten Jahren hineingeraten, weil die Menschen sich nicht ehrlich und aufrichtig verhalten haben. Blinde wollten Blinde führen. Verunreinigte, irregeführte Menschen meinten, spirituelle Macht zur Verfügung zu haben, die ihnen erlaubt, andere anzuleiten. All diese Menschen sollten sich eine Zeitlang besinnen auf ihr Inneres, Dinge klarstellen und sich entschuldigen bei den betreffenden Personen.

Diese Verirrungen werden sich aufklären, je mehr Reiki von einer immer größer werdenden Anzahl von Menschen wirklich verstanden wird. Je größer die Anzahl der Menschen wird, die wirklich verstehen will, die wirklich auf eine schöne, liebevolle, respektvolle Art leben will, um so weniger Kraft wird die Anzahl der Menschen bekommen, die dies nicht will, die sich eingeschworen hat auf Machtausübung. Dies gilt für alle Bereiche eures Lebens! Je mehr Menschen sich ihre Sehnsucht nach einem schöneren liebevolleren Leben eingestehen und bereit sind, dafür bestimmte Dinge einzuleiten, die diese Sehnsucht verwirklichen läßt, um so mehr wird ein lichtvoller Gegenpol zu Negativität und Destruktivität geschaffen.

Leider ist die Negativität, die Destruktivität und die Machtausübung auf andere immer laut und aggressiv, und die in sich gekehrten Menschen, die die liebevoll und respektvoll sind, sind meist sehr still. Deswegen sieht es auf der Erde so aus, als ob nur die Destruktivität, die Negativität etwas zu sagen hat. Eure Zeitungen berichten von Kriegen, von Hungersnöten, von Mord und Totschlag in euren Städten, von Mißbrauch eurer Kinder und Vergewaltigung eurer Frauen. Dies sind meist alles Tatsachen, die wirklich geschehen, doch die Berichterstattung, die oft als neutral angepriesen wird, ist dies nicht. Die Sicht ist nur auf Negativität und Destruktivität ausgerichtet.

Die Gier nach destruktiven Sensationen wird so durch die Medien geschürt und die Bevölkerung wird konditioniert und hypnotisiert mit der Idee, daß alles von Tag zu Tag schlechter und unmoralischer wird und es ein hartes Leben ist, das es zu leben und überstehen gilt! Eine Massenhypnose in bezug auf Negativität, Gewalt und Horror wird so vorgenommen. Nein, es ist keine neutrale Berichterstattung, die da stattfindet!

Wo sind denn sonst die Berichte von Menschen, die ihr bestes versuchen, damit Gerechtigkeit auf dieser Erde einzieht oder die Berichte von Kommunen, die eine neue Art des Lebens in Liebe und Achtung versuchen oder die Berichte über Meditationserfahrungen und über tiefe Erfahrungen bei der Erforschung des Selbst? Wo sind die Berichte, die Positivität, Liebe und Achtung vermitteln?

Noch immer werden auf diesem Planeten Menschen wegen ihrer Hautfarbe verfolgt und andere wegen ihrer Lebensansichten. Die Negativität regiert die Erde, und die Menschen, die Positivität, Liebe und Licht leben möchten, die diese Qualitäten in das tägliche Leben einfließen lassen möchten, müssen sich darüber klar werden, daß sie für die Verwirklichung dieser Ziele etwas tun müssen. *Sie* müssen beginnen diese Werte von Liebe und Licht, von Respekt und Achtung auszudrücken und nicht in sich wohl verborgen und versteckt halten.

Die Zeit ist für diese Menschen gekommen, aufzustehen und sich auszudrücken. Die Zeit ist gekommen, Dinge in die Wege zu leiten, damit diese Werte verwirklicht werden können. Dies kann für jeden Menschen anders aussehen, wie z.B. sich von Menschen zu trennen, die kein Interesse an diesen Werten haben.

Die ersten Schritte in ein neues Leben verlangen immer Mut, und ohne Mut wird nichts geschehen, wird alles beim Alten bleiben. Doch die, die es wagen sich auszudrücken, sind die Vorreiter des neuen Zeitalters. Die Menschen, die Positives wollen, die, die sich nach Liebe zwischen den Menschen sehnen, haben sich zu wenig ausgedrückt.

Sammelt euren Mut, geliebte Freunde, und schreitet voran! Steht ein für eure Vision von einem Zusammenleben in Liebe und für die Verwirklichung im täglichen Leben, in allem was ihr tut!

Diese Worte sollen aber nicht bedeuten, daß ihr nun wie ein Missionar eure Werte von Liebe und Licht lauthals verkündet und hinausruft in die Welt. Auf diese Art hat sich nie etwas wirklich verändert. Sondern diese Worte bedeuten, daß ihr beginnt, diese Werte in euer tägliches Leben zu integrieren, daß ihr versucht diese Werte *zu leben,* damit sie sich so in euch ausbreiten können. Dann werdet ihr mit der Zeit zu Liebe und Licht und strahlt dies aus, überall wo ihr seid und bei allem, was ihr tut. Liebe und Licht ist dann euer Wesen, euer Sein.

Ein Weg sich selbst zu vervollkommnen

Die Symbole

Die Welt der Symbole

Symbole gab es schon immer auf der Erde. Am Beginn der Menschheitsgeschichte waren sie ein wichtiger Teil der Sprachwelt oder besser, die Menschen drückten sich durch Symbole aus. Das war eine grobe einfache Art des Gebrauchs. Mit der Zeit verfeinerte sich die Anwendung der Symbole in dem Sinne, daß sie nur für bestimmte Bereiche eingesetzt wurden, bis sie schließlich ganz aus dem täglichen Leben der Menschen verschwanden. Doch die Urvölker, die Urstämme waren mit dem Umgang von Symbolen sehr vertraut und verwanden sie in religiösen Ritualen und Zeichnungen. Noch heute könnt ihr dies sehen in überlieferten Schriften, in Höhlen- und Felsenzeichnungen.

Bereits in den ersten Religionen dieser Erde wurden Symbole in die Welt gebracht, die noch heute im Gebrauch sind und die, man kann sagen, ewig sind. Diese Symbole wurden von Menschen in ihrer tiefen wahren Religiosität in Meditation und Andacht empfangen. Dabei erfuhren sie bestimmte Qualitäten, hörten den Klang und sahen das Bild des Symbols. Durch die Anwendung des Klanges oder des Bildes wurde in ihnen diese Qualität in Schwingung versetzt. Symbole wurden hier also eingesetzt für die Bewußtseinsentfaltung und Bewußtseinsentwicklung oder um etwas bildlich auszudrükken.

Oft hatten diese Symbole keine wörtliche Übersetzung, sondern drückten einen Zustand oder einen Bereich aus. Ein Symbol ist also ein bildliches Zeichen, das einen Namen hat. Bild und Klang gehören zusammen. Durch das Bild des Symbols wird etwas gezeigt, durch den Klang, den Namen des Symbols etwas gehört und in Schwingung versetzt.

Hier kommen wir zum Bereich Ton und Schwingung. Töne, Klänge sind reine Schwingung, und zwar sprechen wir nun von Schwingung in einem Bereich, der für euch hörbar ist. Es gibt natürlich noch andere Bereiche von Klangschwingungen, die für euer menschliches Ohr nicht umsetzbar sind.

Töne, Klänge, sei es menschlicher Gesang oder instrumentale Musik, versetzen etwas in Bewegung, erreichen euch auf bestimmten Ebenen eures Seins, je nachdem wie der Gesang oder die Musik gestaltet ist. Zuständig hierfür sind die Chakren, die diese Schwingungen empfangen.

Eure heutige Popmusik z.B. erreicht die ersten zwei Chakren in eurem Energiesystem und von diesen nur die grobsten, untersten Ebenen. Diese Art von Musik erhebt euch nicht, macht euch nicht leichter, sondern erregt euch nur, feuert euren Bewegungsdrang an und hämmert größtenteils auf eure Sinne ein. Zu dieser Art von Musik gehört ein dumpfer Rhythmus, der bestimmte Menschen anzieht und eine spezifische Lebensart fördert.

Manche klassische Musik erreicht das mittlere Chakra, das Herz-Chakra. Diese Musik ist weicher und sanfter. Sie umschmeichelt sozusagen eure Sinne, macht euch leichter, freier und löst vielleicht sogar in euch eine gewisse Sehnsucht aus.

Andere Musik wieder, z.B. alte Sitar-Musik, fördert die höheren Chakren wie das dritte Auge. Ebenso fördern einige religiöse Gesänge oder auch das Chanten mancher Mantren das Öffnen des Hals-, Stirn- oder Kronen-Chakras und lösen somit bestimmte Bewußtseinserfahrungen aus.

Einige spezielle Klangfrequenzen, sei es in Form von Musik, Gesang oder einer Wiederholung von Mantren stimulieren also die ihnen entsprechenden Chakren im Energiesystem. Zusätzlich zu eurem physischen Ohr, das Klänge in einer bestimmten Frequenz empfangen kann, und das diese dann weiterleitet an das Gehirn, empfängt also ein anderes *Organ*, das entsprechende Chakra in eurem feinstofflichen Energiesystem, diese Klänge direkt. Darüber hinaus sind die Chakren der höheren Ebene aber fähig, Frequenzen zu empfangen, die z.B. vom physischen Ohr nicht mehr entschlüsselt werden können, die es nicht *hören* kann.

Das fünfte Chakra als Beispiel ist das Organ für die Aufnahme von non-verbalen Botschaften zwischen zwei Menschen. Ein Mensch denkt etwas Bestimmtes und der andere hat plötzlich diese Gedanken als die seinen im Kopf. Schwingung wird übertragen. Gedankenbotschaften in Form reiner Schwingung wird empfangen. Etwas das nicht ausgesprochen, sondern nur gedacht wurde, wird innerlich gehört! Dieses Chakra ist wie ein zusätzliches erweitertes Sinnesorgan zum physischen Ohr.

Das sechste Chakra, auch das *Dritte Auge* genannt, ist wie ein erweitertes Sinnesorgan für die zwei physischen Augen, von daher kam auch einst der Name. Es ist fähig, Dinge zu sehen, zu denen die physischen Augen nicht fähig sind und die nicht in der physisch festen Welt existieren.

Töne, Klänge haben also die Fähigkeit, bestimmte Chakren, je nachdem in welcher Frequenz sich diese Töne befinden, anzuregen und in Schwingung zu versetzen. Durch das fortwährende Wiederholen eines Mantras oder eines heiligen universellen Klanges können als Beispiel bestimmte höhere Chakren aktiviert werden. Nehmen wir das seit undenklichen Zeiten angewandte Mantra OM. Dieses Wort wurde von allen wahren Suchern in Meditation gehört und zwar an dem Punkt, wo sie aufhörten, sie zu sein und wo sie verschmolzen sind mit dem, was wir als das große All-Eine nennen. Sie hörten auf zu existieren, Ego existierte nicht,

Gedanken existierten nicht. Wenn das geschieht, ist es möglich, den Klang, den Ton der Existenz zu hören, in dem alles schwingt. Dieser Ton wurde von den Meditierenden unterschiedlicher Religionen gehört. Dieser Ton, dieser Klang, dieses Wort ist universell. Dieses Wort hat auch keine Bedeutung, keine Übersetzung in dem Sinne. Es ist ein Symbol.

OM ist der Klang
und in bildlicher Form wird es so gezeichnet:

Mantras sind Wortklänge oder Wortabfolgen, die bestimmte Zustände ausdrücken, ohne oft eine direkte Übersetzung zu haben. Sie drücken sehr oft nur einen bestimmten Bewußtseinszustand aus. Unter einem Symbol verstehen wir also ein Mantra und ein bildliches Zeichen. Wir hoffen, daß wir euch die Bedeutung und den Sinn eines Symbols ausreichend vermittelt haben.

Symbole wurden schon immer in der Menschheitsgeschichte angewandt, durchliefen aber auch eine Entwicklungsgeschichte, in der sie sich verfeinerten. Am Anfang wurden sie als Kommunikationsmittel untereinander benutzt, dann nur noch in bestimmten Bereichen des Lebens. Wir widmen uns vor allem dem Bereich der Symbole, die zur Bewußtseinsentfaltung eingesetzt wurden. Hier gab es vor circa 5000 Jahren in der Erforschung dieser eine Blütezeit. Danach ebbte die Entwicklung ab. Forschung in diesem Bereich fand immer weniger statt und man bezog sich, wenn überhaupt, immer mehr auf das alte Wissen. Das gilt bis zum heutigen Tag, und wir würden uns freuen, wenn auf der Erde wieder Plätze mit Menschen entstehen würden, die aufbauend auf altem Wissen weiter forschen würden, die altes Wissen aktualisieren würden und aufbrechen würden zu neuen Tiefen des menschlichen und universellen Seins.

Die Reiki-Symbole

Diese Symbole wurden also empfangen in Meditation. Die damaligen Mönche stellten sich ein auf die Energiekanäle des Menschen und vertieften sich darauf, Klänge und Zeichen zu empfangen, die mit diesen Kanälen und mit der Energie, die durch sie floß, korrespondierten. Die Forscher empfingen unterschiedliche Qualitäten, die die Reiki-Symbole bildeten. Was geschieht bei der Anwendung eines Symbols während einer normalen Reiki-Sitzung? Die Ätherenergie, die durch die Energiekanäle über die Hände ausfließt, bekommt eine zusätzliche Qualität. Die Ätherenergie schwingt dann in einer ganz bestimmten Frequenz. Die Energiekanäle bleiben im Grunde unberührt davon, nur die Ätherenergie, also die durchfliessende Energie, verändert sich. Der Behandelte bekommt somit bei der Zufuhr von Energie eine zusätzliche Komponente mitgeschickt. Dies ist eine Verstärkung bzw. Veränderung der zugeführten Ätherenergie.

Alle Reiki-Symbole haben eine besondere Aufgabe, die sie erfüllen. Aus Respekt vor diesen Sybolen nennen wir hier die Namen und Zeichen nicht. Die, die Reiki und auch die Symbole kennen, werden wissen, wovon wir sprechen. Die Symbole sollen weiterhin geheim bleiben und nur durch einen Reiki-Lehrer vermittelt werden. Doch wir wollen die Symbole erklären. Wir möchten euch die Symbole und ihre Qualitäten näher bringen.

Das Beste, wie ihr alle Symbole erfahren könnt, ist durch Meditation. Alle von euch, die sie bereits kennen, können sich ihnen einmal besonders widmen, indem sie sich hinsetzen, die Augen schließen und ein Symbol auf sich wirken lassen. Das muß nicht besonders lange dauern, 15-20 Minuten reichen hierfür aus. Aber macht das einmal über einen längeren Zeitraum mindestens drei Wochen. Das heißt 15 Minuten jeden Tag das erste Symbol über einen Zeitraum von drei Wochen hinweg, dann das zweite, das dritte, und wenn ihr Reiki-Lehrer seid, das vierte. Nach diesen Übungen werdet ihr sicher tiefer die Qualitäten der Symbole erfahren haben. Nur über Meditation mit den Symbolen wird euch klar werden, *daß* sie eine Wirkung haben und *welche*. Nach dieser Zeit der Meditation wird in euch Klarheit entstehen, daß ihr große Verantwortung habt, wenn ihr die Symbole an einem anderen Menschen anwendet, denn ihr gebt der relativ neutralen Ätherenergie eine bestimmte Richtung hinzu. Ihre Neutralität ist dadurch aufgehoben.

Bei der Anwendung eines Symbols an einem anderen Menschen kommt es in bedeutendem Maße auf eure Intensität an, auf euer Verständnis, wie dieses Symbol dann bei dem anderen Menschen ankommt. Doch darauf kommen wir zu einem anderen Zeitpunkt zu sprechen.

Besonders die Reiki-Lehrer sollten regelmäßig mit den Symbolen meditieren, denn sie geben sie ja an andere Menschen weiter. Die Reiki-Lehrer sollten nicht bei der bloßen Technikvermittlung in bezug auf die Symbole verweilen, sondern sie sollten tief vordringen in das Wesen jedes einzelnen Symbols. Es ist nicht entscheidend wichtig nur mental zu wissen, welche Funktion ein Symbol hat, sondern wie es sich anfühlt und welche Schwingung es kreiert. Ein direktes Erfahren ist wichtig, das dann gepaart mit Wissen und Technik ein Ganzes bildet. Das direkte Erfahren und Erspüren ist jedoch nur in Stille möglich, ist nur möglich wenn ihr euch Zeit und Ruhe hierfür einräumt.

Das erste Symbol

Welche Aufgaben erfüllen nun die Reiki-Symbole? Wie schon gesagt, jedes hat eine andere Qualität und erzeugt eine andere Schwingung. Da wir hier die Namen nicht nennen, werden wir sie numerieren. Das *erste Symbol* gibt der Ätherenergie die Qualität von Feuer hinzu, in dem Sinne, daß es sehr anregend und energetisierend wirkt. Es verstärkt die Ätherenergie enorm und zwar in eine aktivierende Richtung. Symbolisch ausgedrückt ist es wie ein Lichtstrahl, der Dunkelheit vertreibt oder wie ein Feuer, das Unreinheiten verbrennt.

Dieses Symbol könnt ihr überall dort anwenden, wo Energie fehlt und dringend benötigt wird z.B. um Schadstoffe in eurer Nahrung zu neutralisieren. Innerhalb der Welt der Dinge könnt ihr bedenkenlos mit diesem Symbol experimentieren. Doch Vorsicht ist geboten bei der Anwendung am Menschen. Der Mensch ist ein komplexes Gebilde, er nimmt Schwingungen sehr schnell auf und ist sehr sensibel, auch wenn es oft nicht so erscheint.

Immer wenn ihr dieses erste Symbol bei einer Körperbehandlung benutzt, seid sehr bewußt und vorsichtig dabei. Hierbei ist eure innere Reinheit wichtig und ihr müßt wissen, warum ihr das Symbol anwendet. Es ist nicht wichtig, so viele Symbole wie möglich auf eine Person anzuwenden, das kann sogar schädlich sein! Es ist wichtig, am richtigen Ort, zur richtigen Zeit, das richtige Symbol zu setzen. Dazu gehört viel Übung, viel Erfahrung und Gespür. Das erste Symbol wirkt sehr anregend und reinigend und besonders, wenn ihr es auf bestimmte Stellen am Körper einer anderen Person anwendet, löst es viele Dinge aus. Die Schwingung des Symbols, das ihr benutzt, kommt im feinstofflichen Teil des Menschen direkt an. Und doch ist es auch hier abhängig von euch, wie sehr ihr vorgedrungen seid in die Welt der Symbole. Davon ist die Stärke und Intensität des von euch angewandten Symbols abhängig. Ihr seht, es ist gar nicht so einfach!

So kommt es vor, daß manche Menschen während einer Reiki-Sitzung wie wild ein Symbol nach dem anderen anwenden und nichts passiert. Ihre Benutzung hat nicht genügend Kraft und das ist auch gut so, denn stellt euch vor, wie es sonst dem Empfangenden gehen würde. Eine Überstimulierung würde stattfinden. Was generell eine wohltuende Qualität hat, kann die gegenteilige Wirkung erzeugen, wenn es nicht richtig angewandt wird.

Genauso ist es bei der Anwendung bestimmter Mantras beim Meditieren. Ihr könnt einfach oberflächlich immer wieder OM, OM, OM vor euch hin brabbeln, wobei nichts passiert oder ihr öffnet euch und seid bereit, den Wortklang in euch wirken zu lassen. Die Tiefe eurer Wahrhaftigkeit und Offenheit ist auch hier ausschlaggebend. Ebenso ist es bei der Anwendung der Reiki-Symbole.

Die Einweihungen in den zweiten Reiki-Grad und die Übermittlung der Symbole durch einen Reiki-Lehrer sind somit keine alleinige Garantie dafür, daß sie im umfassenden Maße ihre Wirkung tun können. Eure Wahrhaftigkeit, eure Integrität und Intensität erwecken sie erst zum Leben. Ihr könnt euch nicht alleine auf die Einweihungen berufen und euch darauf ausruhen. Das Lernen und Erspüren der Symbole geht weiter und hängt von euch ab.

Wird das erste Symbol bei einer Körperbehandlung angewandt, so wird verstärkt reinigende Energie an eine bestimmte Körperstelle gebracht. Der feinstoffliche Teil des Körpers absorbiert sofort diese Energie. Dadurch beginnt diese Stelle wieder in einer höheren Frequenz zu schwingen und scheidet so Schadstoffe aus. Bei einer größeren Krankheit oder Mißschwingung muß eine Behandlung an den folgenden Tagen wiederholt werden, da eine fortdauernde Energiezufuhr benötigt wird. Es kann aber auch sein, daß bei einer kleineren Fehlleitung durch eine einmalige Reiki-Zufuhr die Energie wieder harmonisch ins Fließen kommt. Voraussetzung für eine erfolgreiche Behandlung, ob es sich um eine ein- oder mehrmalige handelt, ist aber immer, daß der Empfangende offen für diese Art von Energiezufuhr ist und wenigstens im kleinen Umfang um die Geschehnisse innerhalb einer Reiki-Behandlung weiß.

Das erste Symbol verstärkt die Ätherenergie und versetzt ihr zusätzlich eine anregende Komponente. Das muß man beachten, vor allem bei einem kranken Menschen, der vielleicht schon sehr geschwächt ist. Bei ihm wäre das erste Symbol nicht angebracht, obwohl er sehr viel Energie braucht. Doch sofort das erste Symbol bei ihm anzuwenden wäre verfrüht. Zunächst sollte man ihn in mehreren Sitzungen mit Reiki versorgen, bevor man beginnen würde, das erste Symbol einzusetzen. Das was gut und wohltuend ist, kann an manchen Stellen oder in manchen Situationen nicht angebracht sein, und es erfordert eure Wachheit und Aufmerksamkeit, wo ihr was einsetzt. Das alles lernt ihr aus Erfahrung, durch Anleitung eures Reiki-Lehrers und durch eure Meditationen.

Das zweite Symbol

Dieses Symbol gibt der ausströmenden Ätherenergie eine ausgleichende und harmonisierende Wirkung. Die Qualität von Harmonie, Ruhe und Balance wird der neutralen Ätherenergie hinzugegeben. Das sind im Grunde, genau wie beim ersten Symbol, Komponenten, die die Ätherenergie bereits hat, doch ein Teil wird jeweils verstärkt. Das heißt, daß beim zweiten Symbol die harmonisierende Seite der Ätherenergie verstärkt wird und beim ersten Symbol die aktivierende.

Das zweite Symbol sollte der Ätherenergie immer dann beigefügt werden, wenn wirr umherschwirrende Energie vorhanden ist. Ein Beispiel wäre, daß ihr bis spät in die Nacht eine Party in eurer Wohnung mit Musik und lauten Gesprächen hattet. Ihr seid nun müde, aber ihr spürt, daß diese Partyenergie noch in euch und in eurer Wohnung ist. Hier könntet ihr eure Räume und euch selbst mit dem zweiten Symbol kurz behandeln, bevor ihr zu Bett geht, um diese umherschwirrende Energie zu verteilen und zu beruhigen.

Das zweite Symbol wirkt also auch beruhigend eben durch seine ausgleichende und harmonisierende Funktion. Das ist eine sehr wohltuende Qualität und für den heutigen Menschen sehr wichtig. Meist ist er zu aufgeregt, zu sehr auf Tempo bedacht, zu ängstlich, zu... Für all dies ist das zweite Symbol von Nutzen.

Was geschieht nun, wenn ihr das zweite Symbol während einer Körperbehandlung einsetzt? Dabei gehen wir davon aus, daß der Empfangende offen ist für Reiki und ihr intensiv und wachsam bei der Sache seid. Das zweite Symbol wird z.B. auf Körperstellen angewandt, von denen ihr annehmt und sogar wißt, daß sie übereizt sind. Die Ätherenergie mit der Qualität des Symbols wird sofort von dem feinstofflichen Teil des Körpers aufgenommen und absorbiert und wirkt auf die gereizte Stelle lindernd und hilft dabei, die angestaute, überaktive Energie zu verteilen. Energie wird aufgelockert und beruhigt, so daß sie sich verteilen kann. Wiederum ist die Häufigkeit der Anwendung abhängig von der Stärke der Überreizung. Oft ist es nötig den Körper an mindestens drei Tagen hintereinander mit Reiki zu unterstützen, um eine Mißschwingung aufzulösen. Auch beim zweiten Symbol ist eure Hingabe und Intensität bei der Anwendung entscheidend dafür, wie stark es beim Empfangenden ankommt und nicht die Häufigkeit. Und es gilt auch hier, daß sich durch zu häufige Anwendung während einer Behandlung die wohltuende Wirkung in die verkehrte Richtung umdreht.

Zusammenfassend wirkt also das zweite Symbol beruhigend, ausgleichend, harmonisierend und das erste Symbol anregend, aktivierend, reinigend. Die Qualitäten der beiden Symbole sind zu gleichen Teilen in der Ätherenergie enthalten, wodurch sie ein Ganzes geben und wobei man sagen kann, daß sie neutral ist. Nimmt man ein Symbol bei der Anwendung von Reiki hinzu, hebt man eine Qualität besonders hervor und sie wird verstärkt eingesetzt, so daß die Neutralität aufgehoben ist. Das müßt ihr euch immer vor Augen halten und ganz genau beachten, welche Qualität in dem bestimmten Fall vonnöten ist, egal wo ihr die Symbole einsetzt, sei es auf eure Nahrung, in Räumen, an euch selbst oder sogar bei anderen Menschen.

Das dritte Symbol

Dieses Symbol arbeitet ganz anders als die ersten zwei. Es stellt eine neue Möglichkeit für euch her und arbeitet mit der Mentalebene, die die Ebene des Denkens, des geistigen Austausches, der Intuition ist.

Mit der Mentalebene verbunden ist das Dritte Auge, das sechste Chakra, das die Fähigkeit hat, sich über Raum und Zeit zu erheben. Für das sechste Chakra sind diese Schranken aufgehoben und es kann sich frei in der Zeit und im Raum bewegen. Das heißt, daß ihr über das Dritte Auge die Möglichkeit habt, in eure Vergangenheit zu reisen, um dort als Beispiel eure verschiedenen Inkarnationen zu erkunden, oder ihr könnt bewußt Gedankenenergie an einen anderen Menschen senden, der vielleicht auf der gegenüberliegenden Hälfte der Erde wohnt. Raum und Zeit stellen für das Dritte Auge keine Schranke dar und eigentlich habt ihr jederzeit die Möglichkeit, euch mental mit Menschen in Verbindung zu setzen, die nicht anwesend sind, um euch mit ihnen auszutauschen oder um Energie zu senden.

Diese Qualität unterstützt das dritte Symbol! Es verstärkt die Fähigkeit des Dritten Auges *zu sehen*. Erinnert euch, was wir an früherer Stelle über das Dritte Auge gesagt haben, nämlich, daß es ein zusätzliches Sinnesorgan für die zwei physischen Augen ist. Es sieht Dinge, die nicht nur rein physisch sind und es sieht nach innen. Es stellt nicht Verbindung im außen her, sondern im Inneren. Das dritte Symbol wird innerhalb der Methode von Reiki angewandt zur Kontaktaufname mit anderen Menschen, die nicht physisch anwesend sind. Ein geistiger, ein mentaler Kontakt wird hergestellt. Das Dritte Auge nimmt mit Unterstützung des dritten Symbols diesen

Kontakt auf. Es sieht die Person im Inneren. Dadurch ist es möglich Dinge zu tun, die auch auf physischer Ebene möglich wären, wie z.B. sich zu unterhalten und auszutauschen oder um sich Energie zu senden. Wie ist das möglich?

Mentale Energie ist Schwingung, die jeder aussendet, meist jedoch unbewußt und nicht gelenkt. Wir sprachen schon an, daß das fünfte Chakra, auch Hals-Chakra genannt, eine Empfangsstation für non-verbale also geistige oder mentale Energie ist. Aber auch das Dritte Auge empfängt Mentalenergie oder sendet diese aus. Um Mentalenergie bewußt an eine bestimmte Zielperson auszusenden, ist Übung erforderlich. Das dritte Reiki-Symbol unterstützt dies. Ihr könnt durch dieses Symbol also eine Fähigkeit unterstützen, die ihr bisher vielleicht nie richtig genutzt habt, nämlich die Fähigkeit *bewußt* mentale Energie zu senden.

Meist seid ihr völlig unbewußt in euren Gedanken. Ihr denkt an dies, ihr denkt an jenes und oft kennt ihr den Mechanismus eurer Gedankenschematas nicht, das heißt ihr seid unbewußt. Nur die, die bereits stille Meditationen praktizieren, wissen, wie sich die fortwährenden Gedanken anhören, wie sie einen beständigen, nicht enden wollenden Fluß bilden, der euch immer wieder beschäftigt, in den Bann zieht und gefangen hält.

Doch ihr könnt euren Mentalkörper schulen. Ihr könnt üben, euch nur auf ein bestimmtes Objekt zu konzentrieren und immer, wenn ihr spürt, daß eure Gedanken von diesem abschweifen, kommt ihr zurück zu dem Objekt. Dies ist Konzentration und Fokussierung. Dadurch wird die Schwingung und Ausstrahlung des Mentalkörpers ruhiger und zielgerichtet und ist nicht mehr so aufgeregt und wirr wie vorher. Das dritte Symbol unterstützt euch bei der mentalen Fokussierung auf einen Menschen, um den Kontakt zu diesem herzustellen und zu halten.

Übt es einmal, ihr die ihr dieses Symbol kennt. Stellt den mentalen Kontakt zu einem Freund her, am besten zu einer zwischen euch verabredeten Zeit, und nehmt euren Freund auf diese Art wahr. Tauscht hinterher eure Eindrücke, die ihr während dem geistigen Kontakt hattet, untereinander aus. Beginnt am besten ganz leicht und spielerisch mit dem Symbol zu experimentieren. Übt dies mit unterschiedlichen Menschen und tauscht euch auch mit ihnen immer wieder darüber aus, was ihr von ihnen wahrgenommen habt, ob sie etwas bestimmtes vermittelten, wie sie sich anfühlten, ob sie traurig oder freudig waren. Das wird euch mit der Zeit eine gewisse Schulung und auch Sicherheit darüber geben, daß es möglich ist, sich rein mental auszutauschen und wahrzunehmen.

Dies ist der erste Schritt, wie man mit dem dritten Symbol umgehen kann und den man die Kontaktherstellung oder miteinander-bekannt-werden nennen kann. Nach diesem ersten Schritt der Übung kann man mit dem Aussenden von Energie beginnen. Wieder stellt ihr den Kontakt her zu eurer Zielperson. Nach der geistigen Begrüßung beginnst du dann unter Zustimmung deines Freundes, mental Energie zu senden, das kann Reiki-Energie sein oder auch bestimmte Gedanken, die der andere empfangen soll. Das beste ist wieder, wenn ihr einen bestimmten Zeitpunkt verabredet, an dem einer von euch sendet und der andere empfängt. So bildet ihr ganz bewußt schrittweise die Fähigkeit des Dritten Auges und auch des Hals-Chakras aus. Dadurch werdet ihr geschult, bewußter wahrzunehmen.

Am Anfang der Ausbildung dieser Fähigkeiten werdet ihr vielleicht Schwierigkeiten haben, klar wahrzunehmen, wenn ihr bis zu diesem Zeitpunkt noch nie meditiert oder

Konzentrations- und Fokussierungsübungen gemacht habt. Dann solltet ihr zunächst gewisse Übungen praktizieren, die euch darauf ausrichten euch auf ein bestimmtes Objekt zu konzentrieren. Eine Übung wäre:

> Setzt euch vor einen Baum und betrachtet ihn an ein paar Tagen hintereinander. Die nächsten Tage sucht wieder den Baum auf, aber setzt euch mit geschlossenen Augen vor ihn und stellt ihn euch innerlich vor. Immer wenn ihr spürt, daß eure Gedanken abschweifen, dann öffnet kurz die Augen, seht den Baum an und schließt wieder die Augen und konzentriert euch auf das innere Bild vom Baum. Die nächste Phase ist, daß ihr euch zuhause hinzusetzt und euch auf den Baum konzentriert. Immer wenn ihr merkt, daß eure Gedanken von dem Bild des Baumes abschweifen, kommt einfach zurück zu der Konzentration auf den Baum. Diese Übung braucht nicht länger als 15-20 Minuten zu dauern und kann eine Einstimmung auf das Dritte Auge sein.

Dann könnt ihr noch einmal ausprobieren, mit dem dritten Symbol eine Kontaktaufnahme zu einem Menschen herzustellen und sehen, ob ihr schon besser wahrnehmt. Ihr seht, ihr könnt die Fähigkeiten der bewußten mentalen Wahrnehmung schulen. Jeder Mensch hat diese Fähigkeiten in sich schlummern, und es kommt nur auf euch an, ob ihr sie ausbildet und benutzt.

Das dritte Symbol ist dazu da, diese Fähigkeiten zu unterstützen und es wirkt direkt auf das Dritte Auge ein. Wir sagten, das Dritte Auge sieht nach innen und ihr habt euch über diesen Ausspruch vielleicht gewundert. Zum Teil ist dieser

Ausspruch wörtlich zu nehmen, da es Dinge im Inneren sehen kann, die nicht unbedingt physisch existent sein müssen. Zum anderen ist dieser Ausspruch auch als eine Metapher gemeint, und zwar in dem Sinne, daß es die Fähigkeit hat, Dinge wie z.B. Geschehnisse oder Menschen von innen heraus, also das Innerste zu sehen. Wir wollen es näher erklären und ihr werdet es besser verstehen können, wenn ihr bereits selbst erlebt habt, was das bedeutet. Als Beispiel nehmt ihr mentalen Kontakt über das dritte Reiki-Symbol mit einem Freund auf, der im täglichen Leben oft arrogante Züge aufweist. Bei dem mentalen Kontakt stellt ihr aber fest, daß diese Wesenszüge an eurem Freund nicht sichtbar waren und ihr ihn als durchlässig und sanft erlebt habt. Wie ist das möglich?

Die Kontaktaufnahme geht von eurem Dritten Auge direkt zum Dritten Auge der anderen Person. Das Dritte Auge ist bereits eine hohe Bewußtseinsebene des Daseins. Auf dieser Ebene sind Ego-Persönlichkeitsmerkmale meist nur sehr wenig vorhanden. Das Dritte Auge ist ebenfalls in Kontakt mit dem Höheren Selbst, der Instanz, die über euch wacht ohne in eure Inkarnationen involviert zu sein. Bei einer intensiven mentalen Kontaktaufnahme, unter Berücksichtigung des Reiki-Symbols und unter Hinzurufung eurer beiden Höheren Selbste, stehen diese miteinander in Verbindung. Auf dieser Ebene gibt es keine Egospiele. Nur der Eingriff eures Verstandes, der zweifelt oder andere Assoziationen aussendet, läßt diese Verbindung oft wieder unklar werden.

Es kann also vorkommen, daß ihr Menschen, von denen ihr glaubt, daß ihr sie gut kennt, ganz neu bei einem mentalen Kontakt wahrnehmt. Das hat sehr oft damit zu tun, daß äußere Barrieren wegfallen. Das meinten wir, daß das Dritte Auge im Inneren, vom Inneren heraus sieht.

Zum Abschluß der Erklärungen über das dritte Reiki-Symbol möchten wir noch einige wichtige Dinge hinzufügen. Wie der genaue Ablauf bei der mentalen Kontaktaufnahme innerhalb einer Reiki-Fernbehandlung abläuft, haben wir hier unerklärt gelassen. Diese Erklärungen überlassen wir euren Reiki-Lehrern. Das Allerwichtigste bei einer mentalen Kontaktaufnahme mit einer anderen Person ist, daß ihr, wenn ihr sie innerlich gerufen habt, ganz offiziell fragt, ob ihr sie auch kontakten *dürft*. Dies gilt auch bei bereits vorher abgesprochenen Verabredungen unter Freunden. Immer, wenn ihr mental einen Kontakt herstellt, ob vorher abgesprochen oder nicht, müßt ihr die Person fragen, ob sie dies auch will, ob sie bereit ist, auf dieser Ebene mit euch zu kommunizieren. Dabei ist es auch nicht entscheidend, ob ihr diese Person nur einfach kontakten oder ihr etwas senden wollt. Ihr müßt *immer* um Erlaubnis fragen. Warum?

Auf der geistigen Ebene müßt ihr sehr vorsichtig und respektvoll sein, in allem was ihr tut. Es kommt oft vor, daß ihr jemanden, auf den ihr wütend seid, negative Energie und Impulse sendet, ohne daß ihr bewußt darüber seid. Dadurch habt ihr noch nicht volle Verantwortung für alle eure Handlungen übernommen, zu denen auch Gedanken gehören. Nur jemand, der bewußt ist oder sich darum ehrlich bemüht, weiß, was er tut und was er nicht tun sollte.

Ist euch bei einer mentalen Kontaktaufnahme unklar, ob ihr die Zustimmung hierzu von der jeweiligen Person erhaltet, so besteht noch die Möglichkeit, euch nach euren Impulsen zu richten. Fühlt es sich angenehm an, den Kontakt hergestellt zu haben oder habt ihr ein ablehnendes Gefühl? Ist auch das unklar, so solltet ihr den Versuch eher abbrechen und euch noch eine zeitlang mit Fokussierungs- und Konzentrationsübungen beschäftigen.

Die Zustimmung der anderen Person sollte in eurem Inneren immer eindeutig vernommen werden. Das ist auch ein Kennzeichen hierfür, wie klar ihr bereits in der Wahrnehmung durch das Dritte Auge seid und es ist auch eine Garantie dafür, daß ihr diese Person richtig wahrnehmt und daß ihr klar etwas senden könnt.

Wir hoffen, wir haben euch das dritte Reiki-Symbol umfassend und ausführlich erklärt, so daß euch die Bedeutung und das Geschenk dessen ganz bewußt ist.

Um mit diesem Symbol im vollen Umfang umgehen zu können, bedarf es eurer Aufmerksamkeit, Stille und Meditation. Doch dann werden sich

euch neue Ebenen erschließen.
Ebenen jenseit von Materie.
Ebenen von rein geistiger Kraft!

Das vierte Symbol

Es wird auch Meistersymbol genannt, und dies ist ein treffender Name, denn es unterstützt euch, wahre Meisterschaft zu erlangen. Was meinen wir damit? Wahre Meisterschaft bedeutet, zu einem Zustand zu gelangen, der geprägt ist von Licht, Erkenntnis und von einer Transzendenz, die alle alten negativen Verhaltensmuster hinter sich gelassen hat. Es bedeutet, daß man das Ego überwunden hat. Die alten Reiki-Meister waren *Meister* in diesem Sinne. Bevor sie diesen Zustand erreichten, leiteten sie nur unter Aufsicht eines Reiki-Meisters Adepten an.

Das vierte Symbol ist ein reines Meditationssymbol, das euch unterstützt auf dem Weg zur Vervollkommnung eurer selbst. Es ist also für die Meditation bestimmt. Die Schwingung des vierten Symbols ist sehr stark im positiven Sinne. Es kann eine gewaltige, innerlich vorwärtstreibende Kraft bilden bei einem wahrhaften Menschen. Dieses Symbol sollte nur in die Hände von Menschen geraten, die interessiert sind an Meditation, Wahrheit und Liebe. Ist dies ein Mensch, so wird das Symbol zu einem Instrument auf dem Weg zur Vervollkommnung.

Die Anwendung während der Meditation sollte wie bei allen anderen Symbolen sein:

> Konzentriert euch auf das Symbol, verkrampft euch aber nicht dabei. Wiederholt es innerlich mit Namen, zeichnet es mit dem Dritten Auge und laßt es einfach auf euch einwirken. Fühlt die Schwingung, die das Symbol kreiert.

Im Moment kennen dieses Symbol größtenteils die Reiki-Lehrer, weil dies zu ihrer Ausbildung gehört. Doch wir würden es begrüßen, wenn wahrhafte Sucher, die aber nicht unbedingt Reiki-Lehrer werden wollen, auch in das Symbol eingeweiht werden würden. Für diese Menschen wäre es eine große Hilfe und Unterstützung, wenn sie mit dem Symbol ihre Meditationen vertiefen könnten. Doch wir betonen, daß dies nur für wahrhafte Sucher gilt.

Das vierte Symbol richtet euch aus auf das eigentlich wirklich Erstrebenswerte in eurem Leben, nämlich auf eure Vervollkommnung. Doch viele Menschen sind daran gar nicht wirklich interessiert. Viele sind interessiert aber halten sich gefangen in Egospielen. Für sie würde das Symbol nichts bedeuten, genauso wie Meditation ihnen nichts bedeuten würde. Ihre Energie würde nicht mit der Energie oder Schwingung des Symbols konform gehen.

Jeder Reiki-Lehrer sollte regelmäßig mit dem vierten Symbol meditieren. Er sollte die Schwingung des vierten Symbols immer wieder in sich aktivieren, in sich fühlen. Damit meinen wir nicht, daß er jeden Tag eine Stunde lang mit dem Symbol meditieren muß, um ein guter Reiki-Lehrer zu sein. Doch das vierte Symbol ist sein Werkzeug, um sich innerlich immer wieder auszurichten auf das eigentliche Ziel, wenn wir es so nennen dürfen, und um vielleicht einmal ein wahrer Reiki-Meister zu sein. Die Unterschiede zwischen einem Reiki-Lehrer und einem Reiki-Meister haben wir euch ja schon an früherer Stelle erklärt.

Das vierte Symbol ist ein Hilfsmittel, wenn auch indirekt, für den Reiki-Lehrer, sich immer wieder zu überprüfen und sich auszurichten. Das gilt für sein eigenes persönliches Wachstum und für seine Arbeit mit Menschen.

Versteht ein Reiki-Lehrer das vierte Symbol nicht und wendet es persönlich nicht an oder nur oberflächlich, versteht er den Sinn von Reiki nicht wirklich. Der Sinn von Reiki ist, sich immer mehr zu entfalten, sich immer mehr zu öffnen für höhere Energien, um so zu einem großen breiten Kanal für diese Energien zu werden und letztendlich damit zu verschmelzen.

Die Wirkung der Anwendung von Reiki kann verglichen werden mit einem Schneeballsystem. Anfangs beginnt man mit der Übermittlung von Ätherenergie, um sich zu reinigen oder um auch andere Menschen dabei zu unterstützen. Der Fluß der Energie ist mehr ins Fließen gekommen. Dann erobert man sich neue Territorien und wendet Symbole an, um die Energie zu verstärken und um gezielt in neue Ebenen zu gelangen. Neue Ebenen werden bewußt beschritten. Der Fluß der Energie ist zu einem großen breiten Strom geworden, der Unreinheiten wegspült. Letztendlich geht man immer größere Schritte, erobert sich immer neue Territorien seiner selbst und *wird* so zum Fluß der Energie.

Das *kann* die Entwicklung mit Reiki und den Symbolen sein. Reiki ist somit *ein* Mittel auf dem Weg zur Vervollkommnung geworden. Es liegt an jedem von euch, wie ernsthaft und wahrhaft ihr bestimmte Methoden anwendet. Es gibt viele Wege, viele Möglichkeiten, die euch auf der Odysee zu Licht und Bewußtheit unterstützen. Jeder muß sich seinen Weg auswählen. Jeder muß herausfinden, was ihm am leichtesten fällt und am meisten entspricht.

Ihr müßt nicht beschwerliche Wege beschreiten, um euch zu vollenden. Ihr müßt euch dabei nicht mühen und plagen, sondern aus vielen Möglichkeiten, diejenige herausfinden, die euch liegt, gefällt und Spaß macht. Somit ist Reiki ein Weg für den einen Menschen und für den anderen eignet sich eine andere Methode viel besser. Für manche Menschen ist Reiki eine leichte und schnelle Unterstützung, um sich zu reinigen und zu fokussieren, für andere ist diese Methode nicht so ideal. Jeder Mensch ist anders und braucht somit andere Werkzeuge.

Doch auch wenn ihr eure Methode gefunden habt, wird es Tage geben, wo es euch vorkommt, daß sie doch nicht die richtige ist. Ihr meint dann vielleicht, unbedingt etwas Neues ausprobieren zu müssen. Das mag zwar richtig sein, denn keine Methode ist für ein ganzes Leben die einzig Wahre, da ihr euch verändert und weiterentwickelt. Aber bevor ihr eure alte Methode zur Seite legt, beobachtet euch gut. Seht genau in euch hinein, was gerade passiert. Vielleicht seid ihr an bestimmte Widerstände und Blockaden gestoßen, die sich sträuben, aufgelöst zu werden und euch auf Umwegen vermitteln wollen, daß eure Methode nicht mehr richtig ist. Findet heraus, welcher Grund vorhanden ist, ob ihr nur an Widerstände gestoßen seid oder ob sich die Methode wirklich nicht mehr für euch eignet. Erst dann entscheidet, welchen Weg ihr weiter beschreiten wollt.

Viele von euch wechseln von einer Methode zur anderen. Viele haben es sich schon fast zum Sport gemacht, ein Seminar nach dem anderen zu besuchen. Es ist gut, wenn ihr euch informiert und erst einmal alles mögliche kennenlernt, wie z.B. bestimmte Selbsterfahrungstechniken, Meditationen unterschiedlichster Art oder spirituelle Seminare, geführt von geistigen Lehrern. Doch wenn ihr dabei bleibt, überall nur hineinzuschnuppern, kann das zu einer Vermeidungstechnik werden. Ihr selbst müßt auch zu Hause etwas für euch tun, wenn ihr euch konstant weiterentwickeln wollt.

Reiki ist eine schöne Möglichkeit für Menschen, die wirklich etwas tun wollen, ohne sich groß anzustrengen. Reiki ist ein Sich-öffnen. Durch dieses Öffnen kann wieder mehr die Verbundenheit mit allem Sein gespürt werden und ein Erleben von sich selbst als ein Energiewesen wird möglich. Reiki als Technik, angefangen vom ersten Seminar bis hin zum Reiki-Lehrer, bietet ein großes Spektrum an Möglichkeiten des Erfahrens und des Lernens.

Das vierte Symbol ist der Gipfel, die Krönung dieses Erfahrens und Lernens mit Reiki.

Die Anwendungen

Die Mental- und Fernbehandlung

Da wir über die Symbole mehr im Zusammenhang mit Meditation sprachen, möchten wir noch kurz auf die Techniken, die mit den Symbolen arbeiten, eingehen.

Die *Fernbehandlung* haben wir bei unseren Erklärungen über das dritte Reiki-Symbol angesprochen, trotzdem möchten wir noch ein paar Dinge hinzufügen. Diese Methode ist eigentlich für Menschen gedacht, die sich bereits gut geklärt und gereinigt haben, denn sonst werden sie zu unsicher bei der Ausführung sein oder im schlimmsten Fall sich etwas vormachen. Wie schon gesagt, könnt ihr euch schrittweise mit Fokussierungsübungen auf die späteren Fernbehandlungen vorbereiten. Diese Methode verlangt von euch Konzentrationsfähigkeit, Klarheit und Integrität. Wir sagten auch, daß ihr immer, wenn ihr mentalen Kontakt mit jemandem aufnehmt, um Erlaubnis fragen müßt. Tut ihr dies nicht und übergeht vielleicht sogar eine mögliche Ablehnung der Zielperson, verstoßt ihr gegen ein universelles Gesetz, das im vollen Umfang lautet:

Achte alle Wesen
in allen Dimensionen
und Erscheinungen.

Der freie Wille jedes Menschen muß jederzeit gewahrt bleiben. Auch wenn ihr meint, daß es gut für jemanden wäre, Reiki zu bekommen, er es aber ablehnt, so müßt ihr dies *sofort* achten und einsehen. Bei einem mentalen Kontakt müßt ihr euch dann sofort zurückziehen. Allein wegen der richtigen Wahrnehmung der Zustimmung oder Ablehnung der Zielperson innerhalb einer Reiki-Fernbehandlung müßt ihr sicherstellen, daß ihr *klar wahrnehmen* könnt. Die Ausbildung der mentalen Wahrnehmung muß also gewährleistet sein. Eine gute Übung hierfür ist neben Fokussierungspraktiken auch die direkte Arbeit mit dem Hals-Chakra und dem Dritten Auge, so wie wir dies in unserem ersten Buch bereits erklärt haben. Dabei ist jedoch zu beachten, daß das beste wäre, wenn ihr vorher auch die anderen Chakren geklärt hättet.

Wenn ihr euch aber gründlich gereinigt und vorbereitet habt und eure Wahrnehmung klar und direkt ist, so bietet euch die Fernkörperbehandlung eine gute Gelegenheit, eure außersinnliche Wahrnehmung weiter zu schulen und auszubilden. Ihr könntet euch mit dieser Art der Wahrnehmung vertraut machen und damit einen Gegenpol schaffen zu der bloßen materiellen Sicht der Dinge. Ihr schafft so Raum und Gelegenheit für euch und euren Partner zu erfahren, daß es geistige Energieübermittlung gibt und daß ihr fähig seid, bewußt zu senden oder zu empfangen. Und mit der Zeit werdet ihr verstehen, wie wichtig es ist, sensibel dafür zu werden, was man z.B. im Laufe eines Tages alles empfängt. Das ist die einzige Möglichkeit für euch, damit ihr entscheiden könnt, was ihr empfangen wollt und was nicht. Wenn ihr keine Wahrnehmung darüber habt, so seid ihr wie ein Schwamm, der alles aufnimmt, was ihm gesendet wird und zwar positive aber auch negative Energieschwingungen. Unbewußt werdet ihr so zum Empfänger aller möglichen Arten von Schwingungen, die immer vorhanden sind. Die Arbeit mit der Fernbehandlung und -kontaktaufnahme bringt es im Laufe der Zeit mit sich, daß ihr sensibler werdet, wenn ihr aufmerksam seid.

Fühlt ihr euch an manchen Tagen plötzlich nicht so gut, obwohl nichts bestimmtes im Außen passiert ist? Seid ihr manchmal aus heiterem Himmel heraus froh gestimmt oder vielleicht traurig? Jeder von euch kennt diese Schwankungen im Emotions- oder auch Mentalbereich. Die Gründe dafür müssen ihre Ursachen aber nicht direkt in euch haben. Die Ursachen können vielfältig sein. Ihr seid ein Kind dieser Erde, die momentan besonders durch enorme Spannungen und Veränderungen geht, die wiederum Auswirkungen auf euer System haben. Dies könnte eine Ursache für plötzliche, unerklärbare Stimmungsschwankungen sein. Oder jemand, mit dem ihr in Liebe eng verbunden seid, denkt intensiv an euch und sendet so positive Energie. Dies wäre ein Grund für ein plötzlich freudiges Gefühl. Doch der direkte Zusammenhang ist euch meist nicht klar. Sensibilisiert und reinigt ihr euch, besonders im Bereich des Hals-Chakras und des Dritten Auges, werden euch Zusammenhänge zwischen senden und empfangen von Energie immer deutlicher sichtbar.

Dies ist für einen Menschen bereits eine hohe Stufe der Wahrnehmung und Bewußtheit. Ihr seht, wieviele Fähigkeiten ihr durch die Methode von Reiki ausbilden könnt.

Als Abschluß unserer Erklärungen über die Fernbehandlung möchten wir euch noch einen erweiternden Vorschlag machen. Immer wenn ihr einen Fernkontakt herstellt, um Reiki oder bestimmte Gedanken zu senden, beginnt diese Übung mit einer Visualisation. Stellt euch vor, daß ihr aufgefüllt seid mit goldenem Licht, das euren Körper ganz und gar auflädt und mit der Zeit über euren Körper hinaus ausstrahlt. Das goldene Licht soll euren Körper wie in ein Lichtei einhüllen. Anschließend könnt ihr mit der Fernkontaktaufnahme beginnen und die gerufene Person, wenn sie dem Kontakt zustimmt, wird ebenfalls in dieses Licht aufgenommen.

Das goldene Licht wird während der Zeit des Fernkontaktes eine Schutzfunktion erfüllen, die gewährleistet, daß ihr energetisch nicht von einer anderen möglichen Quelle gestört werdet. Am Ende eurer Übermittlung könnt ihr euch vorstellen, wie das Licht, das euch beide eingehüllt hat, sich langsam wieder auflöst und zerstreut.

Auch die *Mentalbehandlung* von Reiki ist ein komplexer Vorgang, doch bei weitem nicht so delikat wie eine Fernkontaktaufnahme, da ihr direkt am Menschen arbeitet, ob nun an euch oder an jemand anderem. Was bewirkt die Mentalbehandlung? Gezielt wird während dieses Vorganges Energie in den Kopfbereich gesendet und zwar hauptsächlich zur Hypophyse und Zirbeldrüse. Beide gehören dem endokrinen Drüsensystem des physischen Körpers an und stehen in enger Verbindung auf der feinstofflichen Ebene zum Dritten Auge und dem Kronen-Chakra (7. Chakra). Auf diese beiden Zentren wird während der Behandlung besonders eingewirkt. Über die Handposition am Schädel wird Energie in die Energiebahn geleitet, die über die Handposition am Hinterkopf gezielt zum Dritten Auge gelenkt wird. Wir möchten darauf hinweisen, daß wir hier nicht den genauen Vorgang einer Mentalbehandlung beschreiben werden. Das ist Aufgabe eurer Reiki-Lehrer. Wir erklären nur das energetische Geschehen.

Die Mentalbehandlung arbeitet mit einer Affirmation, die man sich vor Beginn der Übung genauestens überlegen und aussuchen sollte. Was ist eine Affirmation und wie wirkt sie innerhalb der Behandlung? Eine Affirmation ist ein Satz, der einen positiven Zustand beschreibt, so wie ihr ihn für euch erwünscht. Diese positive Zustandsbeschreibung kann den Bereich des physischen Körpers, der Emotionen oder des Mentalbereichs umfassen.

Ein Beispiel für den ersten Bereich wäre:

"Ich, ... (euer Name), liebe und achte meinen physischen Körper und gebe ihm alles, was er braucht."

Ein Beispiel für den Bereich der Emotionen wäre:

"Ich, ..., erlaube mir, mein Herz zu öffnen."

Ein Beispiel für den mentalen Bereich wäre:

"Ich, ..., bin fähig, von Tag zu Tag leichter meine Gedanken während der Meditation zu beobachten."

Oder ihr könnt Mentalbehandlungen einsetzen, wenn ihr euch von einer Sucht befreien wollt, wie z.B. vom Rauchen, indem ihr euch als einen glücklichen Menschen, frei von der Sucht, affirmiert. Es gibt viele Gelegenheiten und Bereiche, die ihr mit dieser Art der Energieverstärkung unterstützen könnt.

Entscheidend bei der Auswahl der Affirmation ist aber die Intention, die dahinter steckt. Wollt ihr mit der Affirmation nur euer Ego stärken? Spricht sie vielleicht gar keinen intensiven Wunsch von euch aus? Wollt ihr diesen Zustand wirklich erreichen? Seid ihr bereit diesen Zustand zu leben? All diese Überlegungen müßt ihr bei der Zusammenstellung der Affirmation beachten. Sie ist sehr wichtig, da ihr euch mit ihr eine zeitlang behandelt und sie so in euch eindringen kann. Das Geschehen, das durch eine Mentalbehandlung ausgelöst wird, ist vielfältig und kann tiefer sein, als ihr vielleicht annehmt. Anhand eines Bespiels wollen wir es näher erklären:

Eine Frau hat sich für die Affirmation "ich, ..., liebe und achte meinen Körper" entschieden, weil sie festgestellt hat, daß sie tief im Inneren eine negative Einstellung in bezug auf ihr Frausein und ihre Körperlichkeit hat. Gewisse Körperteile lehnt sie ab und findet sie nicht schön genug. Ihr ist aufgefallen, daß ein Teil ständig über diese Körperstellen nörgelt und sie erkennt, daß sich dies schädlich auf den gesamten

Körper auswirkt. Wenn sie nun mit der Mentalbehandlung und der Affirmation über einen Zeitraum arbeitet, so wird es sicher vorkommen, daß sie sich mehr und mehr über diese innere Ablehnung bewußt wird. Sie wird vielleicht voll in ihr Bewußtsein treten, natürlich immer nur, wenn sie dies zuläßt.

Voraussetzung für den Erfolg jeder Mentalbehandlung ist, daß ihr alles in euer Bewußtsein treten laßt, was während der Behandlung und auch hinterher zu diesem Thema hochkommt. Eine Mentalbehandlung hat nur eine umfassende Wirkung, wenn ihr sie in euch eindringen laßt und wenn ihr bereit seid, euch dann mit diesem Thema auseinander zu setzen.

Zurück zu unserem Beispiel. Ist die Frau bereit, vorhandene negative Bereiche in sich zu betrachten und zu erkennen, ausgelöst durch die Affirmation, so wird mit der Zeit eine positive Umpolung in ihren Gefühlen zu ihrem Körper eintreten. Dies ist aber nur möglich, wenn negative Einstellungen und Gefühle aufgearbeitet werden.

Ein anderes Beispiel wäre ein Mensch, der sich einen Partner wünscht und sich folgende Affirmation aussucht, "ich, ..., bin nun bereit, den richtigen Partner in mein Leben treten zu lassen". Dieser Mensch führt einige Mentalbehandlungen durch, ist aber nicht bereit, vorhandene Schranken und Ängste in bezug auf Partnerschaft anzusehen und aufzuarbeiten, die durch die Affirmation ausgelöst werden. Für ihn wäre es wichtig zu erkennen, daß er gar nicht bereit ist, gewisse Dinge in sich aufzulösen, die Voraussetzung für eine glückliche Partnerschaft wären! Die Affirmation, die er sich ausgesucht hat, sollte für ihn wahrscheinlich eine schnelle Lösung herbeiführen, ohne daß er sich dafür verändern wollte. Unter diesen Umständen verpufft die Affirmation im wahrsten Sinne des Wortes und die Mentalbehandlung war einfach eine Reiki-

Behandlung. Für diesen Menschen wäre die Affirmation richtiger "ich, ..., bin nun bereit, meine Ängste und Glaubensvorstellungen in bezug auf Partnerschaft zu betrachten". Das wäre der erste Schritt zu einer direkten Auflösung dieser Blockaden, vorausgesetzt, er wäre bereit, daran zu arbeiten.

Ihr seht, wie wichtig die richtige Auswahl der Affirmation ist. Eine Affirmation kann keine Wunder vollbringen oder euch zu einem anderen Menschen transformieren, wenn ihr nicht bereit dazu seid. Im Grunde ähnelt sich die Arbeit mit Affirmationen der Meditation mit einem Mantra. Wenn ein Mantra einfach nur dahingeplappert wird, ohne es in sich eindringen zu lassen, so ist das vergeudete Zeit. Stellt ihr euch jeden Morgen vor den Spiegel und sagt "ich bin schön" und in euch aber ein großer Minderwertigkeitskomplex steckt, so wird diese morgendliche Affirmation nie Früchte tragen. Durch blosses Dahinplappern wird nur versucht, das Betrachten und Auflösen des Minderwertigkeitskomplexes zu umgehen. Das wirkt jedoch wie ein Deckel auf einen Dampfkochtopf. Durch Unterdrückung oder Umgehen der Probleme erreicht ihr nur eine Verschlimmerung und Verstärkung.

Bei der Auswahl der Affirmation müßt ihr also immer beachten, ob ihr das Gewünschte wirklich wollt und ob ihr bereit seid eventuell auftretende negative Einstellungen aufzuarbeiten, oder ob ihr einen Zustand nur schnell anders und besser haben wollt, ohne etwas dafür zu tun.

Seid ihr bereit eine Veränderung in euch geschehen zu lassen, so kann eine Mentalbehandlung große Unterstützung bieten und ihr könnt dadurch lernen, wie ihr euch *entprogrammieren* könnt. Wir sagen bewußt entprogrammieren und nicht umprogrammieren, weil dies falsch verstanden werden könnte. Ihr alle habt Programme in euch, sei es auf körperlicher, emotionaler oder mentaler Ebene, die euch steuern.

Diese Programme wurden im Laufe des Lebens gelernt. Manche sind sogar so tief, daß ihr sie bereits seit mehreren Leben mit euch tragt. Sie sind meist negativ und verhindern, daß ihr jeden Moment des Lebens mit neuen Augen sehen könnt. Als Kind habt ihr vielleicht gelernt, daß ihr nicht laut sein dürft und es nicht gewünscht ist, in der Wohnung herumzutoben. Ihr lernt dadurch, daß es schlecht ist, spontan zu sein und eure Körperlichkeit zu geniessen. Der natürliche Bewegungsdrang wurde unterdrückt. Dadurch entstand ein Programm, das man "spontan sein ist schlecht" nennen könnte.

Solche Konditionierungen haben auch oft die Funktion übernommen, euch zu schützen, dadurch, daß ihr bestimmte Dinge nicht tut. Jeder von euch hat diese Art von Konditionierungen. Es gibt gesellschaftliche, kollektive und spezielle Programme, die ganze Nationen haben.

Je bewußter ihr werdet, um so mehr wird euch auffallen, daß Programme existieren und ihr durch sie lebt. Die Mentalbehandlung bietet die Möglichkeit der Unterstützung, sie aufzulösen, vorausgesetzt, man erkennt, daß man sie in sich trägt. Es ist also wie bei der Fernbehandlung eine mentale Arbeit, die geleistet wird und die schon bei der Erstellung der passenden Affirmation beginnt.

Die Mentalbehandlung bietet die Gelegenheit, daß ihr euch zunächst einmal genau überlegt, was ihr eigentlich wollt und wie ihr sein wollt. Sie regt dazu an, über sich und das Leben nachzudenken, um dann Einfluß auf das, was als störend oder negativ erkannt wird, zu nehmen und das in euch zu unterstützen, was positiv und lichtvoll ist. Somit werdet ihr mit der Zeit zum Bestimmer eures Lebens. Es ist ein Wandel wie von einem schon fast computerisierten Menschen zu einem wahren Individuum. Ein computerisierter Mensch ist jemand, der bestimmt wird von seinen Programmen und Verhaltensmustern, und zwar immer wieder in gleicher Art. Schreit ihn jemand an, schreit er zurück. Wird Knopf A gedrückt, rastet bei ihm automatisch das entsprechende Programm ein. Er ist also nicht frei, in jeder Situation neu zu entscheiden. Er kann nie Menschen und Situationen richtig einschätzen, weil er alles wie durch einen Schleier sieht. Für ein freies Individuum ist jede Situation neu. Für ein Individuum ist jeder Mensch, dem er begegnet, neu. Ein Individuum hat keine fest eingefahrenen Verhaltensmerkmale, die es immer und immer wieder lebt.

Wir wünschen uns, daß jeder von euch sich zu einem freien Wesen entwickelt, das geleitet wird von der Liebe seines Herzens und von wahrer Erkenntnis!

Der Umgang mit Reiki

Wenn ihr Reiki anwendet, sei es an euch oder an jemand anderem, sei es eine Körper-, eine Mental-, oder eine Fernbehandlung, eure innere Haltung sollte immer die gleiche sein. Immer sollte eure Haltung von Respekt, Liebe und Stille geprägt sein. Vielleicht wird euch die Entstehungsgeschichte von Reiki, so wie wir sie hier in diesem Buch erzählt haben, daran erinnern, diese Qualitäten mit in Reiki einfließen zu lassen. Eigentlich sollte jeder Mensch bevor er mit der Reiki-Übertragung beginnt, vor allem wenn er andere Menschen behandelt, sich einige Zeit sammeln oder meditieren, um selbst in einen Zustand der Entspannung und Ruhe zu gelangen, der erst die Möglichkeit schafft, Liebe und Respekt auszustrahlen.

Jeder Mensch, der mit Reiki zu tun hat, sollte vertraut sein mit Meditation, denn das ermöglicht erst das wahre Verständnis von Reiki und auch die richtige Anwendung und Einschätzung dieser Methode. Durch dieses Buch versuchten wir euch den wahren Wert von Reiki nahezubringen.

Ihr seid Reiki! So wie ihr mit Reiki umgeht, so geht ihr auch mit euch um. So wie ihr Reiki anderen übermittelt, so seid ihr im Inneren auch zu euch. Wenn ihr erkennt, daß ständig Energie durch euch hindurch fließt, die euch nährt und erhält, so seht ihr, daß ihr Teil dieses Universums seid und daß jeder Mensch, jedes Tier, jede Pflanze Teil dessen ist. Durch alles fließt diese Energie, die ihr oft als die Reiki-Energie oder Reiki-Kraft bezeichnet. Dieser Energie kann man nur mit Liebe und Respekt entgegentreten, wenn man sich klar darüber ist, daß sie die Urenergie ist, die euch erschaffen hat. Die einzig wahre Haltung, die einzunehmen ist, wenn ihr diese

Energie bewußt kanalisiert, ist mit Liebe und Respekt und aus einem Zustand der Stille heraus.

Respekt und Liebe dem Lebendigen gegenüber ist leider in der heutigen Zeit sehr abhanden gekommen. Oft werden diese Worte in den Mund genommen und nicht so gemeint. Dadurch kommen sie euch oft wie abgedroschen vor. Doch für uns bedeuten sie wirklich das, was sie ausdrücken und wir schlagen vor, euch zu überlegen, ob ihr versteht und fühlt, wenn wir von Liebe und Respekt allem Lebendigen gegenüber sprechen. Fühlt ihr Liebe in eurem Herzen, wenn ihr eine Blume oder einen Baum betrachtet? Fühlt ihr Liebe und Respekt, wenn ihr Tieren begegnet? Fühlt ihr Liebe und Respekt, wenn ihr einer anderen Person Reiki übermittelt? Mit welcher Haltung geht ihr generell in eine Begegnung, wo ihr Reiki gebt, besonders wenn dies häufig vorkommt? Sind alle eure Handlungen innerhalb einer Reiki-Sitzung durchdrungen von diesen Qualitäten? Und noch einmal, wir meinen damit, daß ihr diese Qualitäten wirklich *lebt* und sie somit *seid*. Wir meinen nicht, daß ihr sie als ein theoretisches Konzept im Kopf habt und vielleicht glaubt, daß ihr liebevoll seid. Zwischen liebevoll sein und denken, daß man liebevoll ist, ist ein riesiger Unterschied.

Die drei Stützpfeiler für eine Reiki-Übermittlung sind also
Liebe, Respekt und
Meditation.

Wird eure Haltung während einer Reiki-Übermittlung von diesen Qualitäten immer mehr durchdrungen, hat das Auswirkung auf euer ganzes Leben. Mit der Zeit werden sich diese Qualitäten in euch immer mehr verfestigen und *alle* eure Handlungen durchdringen, nicht nur wenn ihr Reiki ausübt.

Mit der Zeit werdet ihr so zu
einem meditativen Menschen,
dessen Leben bestimmt wird
von Liebe und Respekt
allem Lebendigem gegenüber.

Reiki wurde für diesen Menschen ein Weg um sich selbst zu vervollkommnen. Reiki wurde für ihn ein Werkzeug mit dem er seine inneren Fähigkeiten ausgebildet, verfeinert und zur Blüte gebracht hat. Dieser Mensch sieht, daß alles Energie ist und aus Energie geboren ist. Er sieht, daß er ein Wesen aus Lichtenergie ist und alles um ihn herum Energie ist, sei es Pflanze, Tier oder Mensch. Durch die Methode Reiki kam er zu diesem größeren Blickfeld, das ihm ermöglichte, die Wirklichkeit des Seins zu erkennen!

Dies ist die höchstmögliche Form des Daseins und der Erkenntnis, die durch Reiki möglich ist und somit ist Reiki ein Weg um sich selbst zu vervollkommnen!

Es liegt an euch, welchen Weg ihr beschreitet. Wege gibt es viele. Doch den höchsten Nutzen zieht ihr immer nur aus einer Methode, wenn ihr euch ganz und gar einbringt, wenn ihr alles von euch gebt.

Es liegt an euch, wie ihr euer Leben gestaltet und was ihr lebt. Euer Leben kann voller Freude und Liebe sein oder voller Leid, Sorgen und Haß. Ihr bestimmt, welche Qualitäten ihr leben wollt. Verborgene Kräfte und Fähigkeiten liegen in euch, die entdeckt und gelebt werden wollen. Liebe und Licht möchten euer Dasein durchdringen. Ihr seid fähig dazu! Nur ein Schritt, ein ganz entscheidender Schritt, ist notwendig. Ihr müßt eine Veränderung in allen Fasern eures Seins wollen und dann einleiten. Unterstützung habt ihr hierzu von allen möglichen Seiten. Einerseits durch Methoden und Techniken, die helfen, euch zu reinigen und die euch im Neuen stabilisieren. Andererseits Meditation, die euch immer wieder zentriert. Und schließlich habt ihr Unterstützung durch die vielen Helfer des Lichts, euren unsichtbaren Begleitern, den Geistführern, den Engeln. Ihr habt also alles zur Verfügung, was ihr braucht, und ihr seid eingebettet in Liebe.

Auch wenn Reiki von vielen Menschen mißverstanden oder zu selbstsüchtigen Zwecken angewandt wurde, ist es doch immer gleich geblieben. Reiki ist ein Teil eures menschlichen Seins und ist somit unveränderlich. Es ist ein Teil durch den ihr lebt. Jeder Mensch ist ein Kanal für diese Energie, die ständig durch ihn fließt. Wäre es nicht so, könnte er nicht existieren. Viele dieser "Energieorgane", durch die der Mensch lebt, befinden sich in seinem System. Die Chakren sind ein Teil davon und auch die Energiebahnen. Energie wird ständig prozessiert. Dieses Geschehen ist wunderbar. Dieses Geschehen ist einmalig und reicht in viele Dimensionen hinein. Könntet ihr es sehen, wären viele Mißverständnisse nicht entstanden.

Der Mensch ist ein Energiegebilde, das in ständiger Bewegung ist, und doch ist Stille und Zentriertheit möglich.

Stellt euch nur einmal das Wunder eures physischen Körpers vor. Wie phantastisch vieles funktioniert, ohne daß ihr etwas bewußt dafür tun müßt. Euer Herz schlägt und ihr atmet, auch wenn ihr schlaft. Eure Nahrung wird verdaut, ohne daß ihr eure Aufmerksamkeit darauf richten müßt. Alle Organe mit den unterschiedlichsten Aufgaben arbeiten in völliger Abstimmung und Harmonie zusammen. Ist der menschliche Körper nicht allein schon ein Wunder? Dieser feste Körper ist durchdrungen von einer feineren Energie einer höheren Dimension, dem Ätherkörper, mit den "Energieorganen". Und dann existiert noch der Emotional- und der Mentalkörper. Beide jeweils eine noch höherschwingende Energie. Ständig werden Informationen und Energie zwischen den Körpern hin- und hergeschickt und umgewandelt. Schwingen diese Körper in Harmonie miteinander, so wird es für die nächsthöhere Ebene, den Spiritualkörper, möglich, sie vollkommen zu durchdringen und anzuleiten. Alle Handlungen werden dann von dieser höheren Instanz eures Seins geführt und euer Lebensweg wird erhellt von Wahrheit und Weisheit.

Es ist also wichtig, daß ihr seht und erkennt, daß ihr ein Wesen seid, daß sich aus unterschiedlich schwingender Energie zusammensetzt. Der physische Körper ist der festeste Teil davon und stellt das Gefährt dar, in dem sich diese Energieebenen während eines Lebens konzentrieren. Die Schwingungsfrequenzen dieser unterschiedlichen Energieebenen könnt ihr mit der Zeit verfeinern und erhöhen, oder auch reinigen und wiederherstellen, wenn eine Mißschwingung entstanden ist.

Das ist in Kurzform der Aufbau des Menschen. Unsere ersten beiden Bücher über die Chakren und die Energiekörper stellen für dieses Buch und alle unsere kommenden Erläuterungen das Basiswissen dar, auf dem wir alles weitere aufbauen. Für die Arbeit mit Reiki ist das Verständnis über die Chakren und die Energiekörper des Menschen ein Grundstein. Wenn ihr versteht, daß die Energiekanäle, durch die Reiki fließt, ein Teil des Ätherkörpers sind, so erkennt ihr auch, daß jedem Menschen diese Energie zur Verfügung steht. Ihr könnt auch die Wirkungsweise leichter verstehen und die sofortige Aufnahme der Energie durch die unterschiedlichen Körper. Versteht ihr das Energiesystem des Menschen mit seinen grundsätzlichen Wirkungsweisen, so ist auch Reiki leicht zu verstehen.

Wahres Verstehen und das Sehen all dieser Ebenen und deren Zusammenhänge machen euch frei von den Meinungen anderer. Deswegen möchten wir euch anregen, weiter an euch zu arbeiten, euch zu reinigen und vorzudringen in Ebenen eures Seins, die ihr bisher noch nicht erobert habt.

Dieses Buch soll für euch eine Möglichkeit sein, Reiki in einem neuen Licht zu sehen. Es liegt an eurer Entscheidung, ob ihr diese Worte in die Praxis umsetzt. Alle äußeren Erscheinungen um Reiki herum, ob nun z.B. neue Organisationen gebildet werden usw., liegen am Menschen und haben erst einmal nichts mit Reiki zu tun.

Reiki seid ihr! So wie ihr euch behandelt, so wird Reiki im Außen erscheinen. Doch Reiki bleibt immer unveränderlich.

Verabschiedung

Uns bleibt nichts
anderes zu tun,
als uns zu verabschieden.

Alles Wichtige wurde gesagt.
Doch zum Abschied
möchten wir euch unserer
Liebe und Unterstützung
versichern,
für alle, die sich uns
verbunden fühlen.
Diese Unterstützung und Liebe
ist jederzeit abrufbar
für die, die ein offenes Herz haben,
zu empfangen.

Wir hoffen
euren Weg mit diesen
Worten erhellt zu haben und
euch neugierig gemacht zu haben
für alle Dimensionen
eures Seins.

Wir hoffen,
daß wir euch angeregt haben,
zu Forschern eures Seins
zu werden.
Ein Wegweiser bei
diesem Abenteuer

wird immer eure
Wahrhaftigkeit sein,
an der ihr euch
überprüfen könnt.

Wir lieben euch,
Kinder dieser Erde!
Ihr seid nicht allein.
Umgeben von einem Meer
aus Liebe und Licht
müßt ihr nur die
Augen öffnen und erkennen,
daß wir alle verbunden sind,
daß wir alle Teile und Mosaiksteine
von etwas Großem und Wunderbarem sind.

Abtrennung existiert nicht.
Verbundenheit ist Realität!

Kinder dieser Erde, erkennt,
daß ihr Teil dieses
Großen und Wunderbaren seid,
und erwacht zu
eurer wahren Natur!

Mit all unserer Unterstützung,
mit all unserer Liebe
und unserem Licht.

Die Weltenhüter.

Regine Zopf veranstaltet regelmäßig Seminare und Ausbildungskurse. Wer aktuelle Informationen über ihre Arbeit möchte, kann Unterlagen anfordern beim:

Weltenhüter Verlag
Ralph Peters
Siemssenstr. 1
D-20251 Hamburg